企业资本运作与价值创造

郝会东　著

北方联合出版传媒（集团）股份有限公司

辽宁科学技术出版社

图书在版编目（CIP）数据

企业资本运作与价值创造 / 郝会东著. -- 沈阳 ：

辽宁科学技术出版社，2024. 10. -- ISBN 978-7-5591

-3856-9

Ⅰ. F275.6

中国国家版本馆 CIP 数据核字第 2024R6K714 号

出版发行：辽宁科学技术出版社
　　　　　（地址：沈阳市和平区十一纬路 25 号　邮编：110003）
印　刷　者：济南大地图文快印有限公司
经　销　者：各地新华书店
幅面尺寸：170mm×240mm
印　　张：10.25
字　　数：200 千字
出版时间：2025 年 4 月第 1 版
印刷时间：2025 年 4 月第 1 次印刷
策划编辑：王玉宝
责任编辑：高雪坤
责任校对：李　红

书　　　号：ISBN 978-7-5591-3856-9
定　　价：88.00 元

前　言

在当今经济全球化与市场竞争日益激烈的时代背景下，企业资本运作已成为推动企业发展的重要手段。资本运作不仅涉及企业内部的财务管理、投融资决策，还关乎企业间的并购、重组以及国际化战略的实施。因此，深入理解和掌握资本运作的理论基础与实践技巧，对于企业的长远发展和价值创造具有不可或缺的意义。

本书旨在全面系统地阐述企业资本运作的理论框架与实践应用，帮助读者深入理解资本运作的本质、动机、模式及其与企业价值创造之间的关系。通过对财务管理、投融资决策、并购重组、风险管理以及国际化资本运作等多个方面的深入探讨，为企业管理者、投资者以及相关研究人员提供一本具有指导性和实用性的参考书籍。

第一章将对资本运作的基本概念、特点以及动机与目标进行详细阐述。通过解析资本运作的内涵和外延，帮助读者建立起对资本运作的整体认识，为后续章节的学习奠定坚实的基础。

第二章将聚焦企业财务管理与资本运作的紧密关系。财务管理作为企业内部管理的核心，对于资本运作的有效实施和价值创造具有关键作用。本章将深入探讨财务管理的核心内容与目标，并分析其在资本运作与价值创造中的重要作用，同时结合具体案例进行实证分析。

第三章将围绕企业投融资决策与资本运作展开论述。投融资决策是企业资本运作的重要组成部分，直接关系着企业的资金筹集和运用。本章将详细介绍投资决策的流程与方法、融资决策的影响因素与策略，以及投融资决策在资本运作与价值创造中的协同作用，并通过案例分析来加深理解。

第四章将重点探讨企业并购与资本运作的内在联系。并购作为企业快速扩张和资源整合的重要手段，已成为现代资本运作的重要领域。本章将深入剖析企业并购的动机与类型，阐述并购过程中的资本运作策略以及并购后的整合与价值创造，同时结合成败案例进行分析，为读者提供有益的启示和借鉴。

第五章将关注企业资本运作中的风险管理问题。资本运作伴随着风险，如何有效识别、评估和应对风险，是确保资本运作成功和价值实现的关键。本章将介绍风险管理的概念与原则，探讨资本运作中的风险识别与评估方法，以及风险应对策略与措施，并通过案例分析来展示风险管理的成功实践。

第六章将把视角扩展到企业国际化与资本运作的广阔天地。随着经济全球化的加速推进，企业国际化已成为不可逆转的趋势。本章将探讨企业国际化的背景与动机，分析国际化进程中的资本运作策略与价值实现途径，以及跨国并购与资本运作的具体实践，并通过案例分析来揭示企业国际化的资本运作实践与价值创造之间的内在联系。

本书在编写过程中，力求理论与实践相结合，注重内容的系统性、前瞻性和实用性。通过穿插大量的实际案例和数据分析，帮助读者更好地理解和掌握资本运作的理论知识和实践技巧。同时，本书也适合作为高校相关专业的教学用书，以及各类培训机构和企业内部培训的参考资料。

我们衷心希望，本书能够为读者在探索企业资本运作与价值创造的道路上提供有益的指引和帮助，为推动中国企业的持续健康发展和国际竞争力的提升贡献一份力量。

郝会东

2021 年 5 月

目　录

第一章 企业资本运作理论基础

第一节 资本运作的概念与特点

一、资本运作的概念

（一）资本运作的基本概念

1. 资本运作的定义

资本运作，又称为资本运营、资本经营，是指企业遵循资本的运动规律，在市场经济条件下，通过资本的合理配置和有效运用，以实现企业价值最大化或资本增值最大化为目标的经营活动。简而言之，资本运作是企业利用资本市场和金融工具，通过资本的筹集、投资、运营和回收等环节，进行资产和权益的交易和运作，以获取利润和资本增值。

资本运作的核心在于对资本的优化配置和高效运用。这要求企业根据自身的战略目标和市场环境，选择合适的资本运作方式和手段，以实现资本的增值和企业价值的提升。在资本运作过程中，企业需要充分考虑资本的成本、风险、收益和流动性等因素，确保资本的安全、稳健和高效运用。

2. 资本运作的重要性

资本运作在现代企业中具有重要的地位和作用。首先，资本运作是企业实现规模扩张和快速发展的重要途径。通过资本运作，企业可以迅速筹集资金、扩大生产规模、提高市场占有率、增强企业的竞争力和盈利能力。其次，资本运作是企业优化资源配置和提高运营效率的重要手段。通过资本运作，企业可以剥离非核心业务和不良资产、集中优势资源发展核心业务、提高企业的运营效率和盈利能力。最后，资本运作是企业实现价值最大化和股东利益最大化的重要方式。通过资本运作，企业可以提升自身的市场价值和品牌影响力，为股东创造更多的财富和价值。

3. 资本运作的原则

在进行资本运作时，企业需要遵循一定的原则。首先，企业需要遵循市场规律和经济规律，根据市场环境和经济形势的变化，灵活调整资本运作策略和手段。其次，企业需要遵循资本的运动规律和增值规律，确保资本的安全、稳健和高效运用。最后，企业需要遵循诚信、公正、透明等原则，维护良好的企业形象和信誉，为企业的可持续发展奠定坚实基础。

（二）资本运作与日常运营活动的不同

1. 关注点的不同

资本运作与日常运营活动在关注点上存在明显的不同。资本运作主要关注资本的增值和企业价值的提升，它涉及的是企业整体的发展战略、投资方向、资本结构等宏观层面的问题。而日常运营活动则更注重产品或服务的生产和销售，以及企业的日常管理和运营，它关注的是企业的生产流程、市场营销、成本控制等具体业务层面的问题。因此，资本运作和日常运营活动在关注点上具有明显的差异。

2. 发生场所的不同

资本运作和日常运营活动在发生场所上也存在明显的不同。资本运作通常发生在资本市场上，涉及股票、债券、基金等金融工具的买卖和交易。资本市场是企业筹集资金、进行投资和实现资本增值的重要平台。而日常运营活动则主要发生在企业的生产、销售和管理环节，涉及原材料采购、产品生产、市场营销等具体业务。这些活动主要在企业内部进行，与外部资本市场的联系相对较少。

3. 风险和收益的不同

资本运作和日常运营活动在风险和收益上也存在明显的差异。由于资本运作涉及较大的资金流动和投资决策，因此其风险和收益通常较高。资本运作的风险主要来自市场环境的变化、竞争对手的行为、政策法规的调整等多个方面。同时，由于资本运作涉及较大的资金流动和投资决策，因此其潜在的收益也相对较高。而日常运营活动的风险和收益则相对较低。因为它更多地涉及企业的日常管理和运营，受市场波动的影响较小。虽然日常运营活动也存在一定的风险，如市场风险、技术风险等，但这些风险相对较小，且可以通过企业的内部管理和控制进行有效规避。

二、资本运作的特点

（一）流动性：资本在不同形式与用途间的转换

1. 资本流动性的含义

资本流动性指的是资本能够在不同的形式（货币、实物、证券等）和用途（生产、投资、消费等）之间进行自由转换的能力。这种转换是基于市场供求关系和价格机制进行的，以实现资本的最优配置和高效运用。在资本运作中，流动性是确保资本能够灵活应对市场变化和满足企业需求的关键因素。

2. 资本流动性的重要性

资本流动性对于企业和整个经济体系都具有重要意义。首先，它有助于企业实现资本的最优配置。企业可以根据市场环境和自身需求，将资本从低效益的领域转移到高效益的领域，从而提高资本的使用效率。其次，资本流动性有助于企业应对市场变化。当市场环境发生变化时，企业可以通过调整资本的结构和用途来适应新的市场形势，保持竞争优势。最后，资本流动性有助于促进整个经济体系的稳定和发展。资本在不同领域和行业间的自由流动可以推动资源的优化配置和产业升级，促进经济的持续增长。

3. 实现资本流动性的途径

企业可以通过多种途径实现资本的流动性。首先，利用金融市场进行融资和投资是实现资本流动性的重要手段。企业可以通过发行股票、债券等金融工具筹集资金，并通过购买其他企业的股票、债券或进行直接投资等方式将资本投向具有发展潜力的领域。其次，企业可以通过内部资源的优化配置来实现资本的流动性。这包括调整产品结构、优化生产流程、提高资产周转率等措施，以释放内部资源的潜力并提升资本的使用效率。最后，企业还可以通过与其他企业或机构的合作来实现资本的流动性。例如，通过战略联盟、合资经营等方式共享资源、分担风险并获取新的市场机会。

（二）增值性：通过运作实现资本价值的增长

1. 资本运作的增值性含义

资本运作的增值性是指通过合理的资本运作方式和手段，实现资本价值的增长和企业盈利能力的提升。这种增值是基于市场机会和企业内部资源的优化配置实现的。在资本运作过程中，企业需要关注市场趋势、行业发展和竞争格局等因素，以发现并利用有利的市场机会，同时优化内部资源配置，提升企业的核心竞争力和盈利能力。

2. 实现资本运作增值性的途径

企业可以通过多种途径实现资本运作的增值性。首先，兼并收购是一种重要的资本运作方式。通过兼并收购，企业可以获取新的市场份额、扩大生产规模、获取优质资源和技术等，从而提升企业的竞争力和盈利能力。其次，资产剥离也是实现资本运作增值性的有效手段。通过剥离非核心业务或不良资产，企业可以优化资产结构、集中优势资源发展核心业务，并降低经营风险。此外，企业还可以通过股份回购、股权激励等方式提升股价和市值，增强股东信心并提升企业的市场地位。

3. 资本运作增值性的风险与挑战

虽然资本运作具有显著的增值性特点，但企业在实现资本运作增值性的过程中也面临着诸多风险和挑战。首先，市场环境的变化可能导致资本运作的收益具有不确定性。企业需要密切关注市场动态并制定灵活应对策略以降低风险。其次，信息不对称和合作伙伴的不诚信行为可能给企业带来损失。因此，在选择合作伙伴和进行交易时，企业需要加强尽职调查和风险评估工作以确保自身利益不受损害。最后，企业内部管理水平和资源配置能力也是影响资本运作增值性的重要因素。企业需要加强内部管理和优化资源配置以提升资本运作效率和效果。

（三）风险性：伴随收益的不确定性

1. 风险性的含义与来源

资本运作的风险性是指在进行资本运作过程中，由于市场环境、政策变化、信息不对称等因素的影响，导致资本运作的收益具有不确定性。这种不确定性可能带来损失，也可能带来额外的收益。风险性的来源主要包括市场风险、政策风险、操作风险等。市场风险是指由于市场价格波动、竞争加剧等因素导致资本运作收益的不确定性；政策风险是指由于政策法规的变化导致资本运作环境的不确定性；操作风险则是指由于企业内部管理不善、决策失误等因素导致资本运作失败的可能性。

2. 风险评估与管理的重要性

在进行资本运作时，企业需要充分评估各种风险因素，制定科学的风险管理策略，以降低风险并获取稳定的收益。风险评估是识别、分析和量化风险的过程，有助于企业了解自身面临的风险类型和程度，为制定风险管理策略提供依据。风险管理则是通过采取一系列措施来降低、转移或规避风险的过程，包括建立完善的风险管理体系、制定风险应对策略、加强内部控制等。

3. 风险应对策略与措施

为应对资本运作中的风险，企业可以采取多种策略与措施。首先，企业可以通过多元化投资来分散风险，降低单一项目或领域失败对整个资本运作的影响。其次，企业可以建立风险预警机制，及时发现并应对潜在风险，防止风险扩大化。此外，企业还可以加强与合作伙伴的沟通与协作，共同应对市场变化和政策调整带来的挑战。最后，企业需要不断提升自身的风险管理能力，包括加强内部培训、引进专业人才、优化决策流程等。

（四）复杂性：涉及多种金融工具与市场参与者

1. 金融工具与市场参与者的多样性

资本运作的复杂性主要体现在涉及多种金融工具（股票、债券、基金、期货等）和市场参与者（投资者、金融机构、政府等）。这些金融工具和市场参与者之间存在复杂的关系和影响机制，使得资本运作过程变得复杂多变。不同金融工具具有不同的风险收益特征和操作要求，需要企业具备相应的专业知识和经验进行选择和运用。同时，不同市场参与者具有不同的利益诉求和行为模式，需要企业在进行资本运作时充分考虑各方利益并建立良好的合作关系。

2. 复杂环境下的决策挑战

在复杂多变的资本运作环境中，企业需要面临诸多决策挑战。首先，企业需要准确判断市场趋势和行业动态，以制定合理的资本运作策略并把握市场机会。其次，企业需要评估各种金融工具的风险收益特征并选择适合自身的投资组合。此外，在与不同市场参与者进行合作时，企业需要权衡各方利益并建立良好的沟通机制以确保合作顺利进行。最后，在应对复杂环境变化时，企业还需要具备灵活调整策略的能力以应对可能出现的风险和挑战。

3. 提升资本运作复杂性的应对能力

为提升在复杂环境下的资本运作应对能力，企业可以采取以下措施。首先，加强金融知识和专业技能的学习与培训，提高团队的专业素养和决策能力。其次，建立完善的信息收集和分析系统，及时掌握市场动态和行业信息以支持决策制定。再次，加强与各类金融机构和咨询服务机构的合作与交流，获取专业支持和建议。最后，注重培养团队的创新意识和应变能力以适应不断变化的市场环境。

第二节　资本运作的动机与目标

一、资本运作的动机

（一）扩张市场份额

1. 快速获取市场份额

在竞争激烈的市场环境中，企业面临着来自同行业竞争对手的巨大压力。为了迅速提升市场地位，企业往往选择通过资本运作来快速获取市场份额。通过兼并、收购同行业企业或相关产业链上下游企业，企业可以迅速扩大生产规模、增加产品线，从而在短时间内显著提升市场占有率。这种快速扩张的方式有助于企业在激烈的市场竞争中迅速脱颖而出。

2. 实现规模经济效应

通过资本运作扩张市场份额，企业可以实现规模经济效应。随着生产规模的扩大，企业可以降低单位产品的生产成本，提高生产效率。这种成本优势可以使企业在市场竞争中更具竞争力，进一步巩固和扩大市场份额。同时，规模经济效应还有助于提升企业的整体盈利能力,为企业的持续发展提供有力保障。

3. 增强议价能力和竞争优势

当企业拥有较大的市场份额时,其在市场上的议价能力也会相应增强。这意味着企业在与供应商、客户以及合作伙伴的谈判中将拥有更多的话语权,能够更好地维护自身利益。此外,较大的市场份额也意味着企业拥有更多的客户资源和品牌知名度,这有助于提升企业的整体竞争优势,使其在市场竞争中处于更有利的地位。

(二) 实现多元化经营

1. 分散经营风险

多元化经营是企业降低经营风险的重要手段之一。通过资本运作实现多元化经营,企业可以将业务拓展到不同的行业、地域和市场,从而减少对单一市场或行业的依赖。这种分散化的经营策略有助于降低企业面临的市场风险、行业风险以及地域风险,使企业的经营更加稳健可靠。

2. 利用协同效应提升竞争力

多元化经营还可以使企业利用不同行业之间的协同效应来提升整体竞争力。通过投资或收购不同行业的企业,企业可以整合各方资源,实现资源共享和优势互补。这种协同效应有助于提升企业的创新能力、市场响应速度以及客户服务水平,从而使其在市场竞争中更具优势。同时,多元化经营还有助于企业发现新的增长点,为企业的持续发展注入新的动力。

(三) 提高经营效率与盈利能力

1. 优化企业资源配置

资本运作可以通过优化企业资源配置来提高经营效率和盈利能力。通过兼并收购、资产剥离等手段,企业可以重新配置内部资源,将有限的资源集中投入核心业务和优势领域。这种优化配置有助于提升资源的利用效率,减少资源浪费和重复建设,从而降低经营成本并提高盈利能力。

2. 改善企业治理结构

资本运作还可以改善企业的治理结构,提升企业管理水平。通过引入战略投资者、实施股权激励计划等手段,企业可以优化股权结构,增强股东之间的制衡机制。这有助于提升企业的决策效率和透明度，减少内部人控制问题，从而为企业的持续发展提供有力保障。同时，战略投资者的引入还可以为企业带来新的管理理念和技术支持，推动企业的创新发展和转型升级。

3. 引入先进管理技术和经验

资本运作是企业获取外部先进管理技术和经验的重要途径之一。通过兼并收购或战略合作等方式，企业可以引入其他优秀企业的管理技术和经验，借鉴其成功的经营模式和管理理念。这有助于提升企业的整体管理水平，改善经营效率，增强企业的竞争力和盈利能力。同时，这种学习和借鉴也有助于培养企业的创新能力和适应能力，使其能够更好地应对市场变化和竞争挑战。

（四）应对财务风险与不确定性

1. 减轻财务负担

资本运作可以帮助企业应对财务风险和不确定性。例如，通过债务重组或资产剥离等手段，企业可以减轻财务负担，降低资产负债率和财务风险。这有助于改善企业的财务状况和现金流状况，提升企业的偿债能力和抗风险能力。同时，减轻财务负担还有助于企业更好地把握市场机遇和应对竞争挑战，实现稳健经营和持续发展。

2. 降低融资成本

通过发行可转债等混合金融工具进行资本运作，企业可以筹集资金并降低融资成本。可转债作为一种具有债权和股权双重属性的金融工具，既可以为企业提供稳定的资金来源，又可以在一定程度上降低企业的融资成本。这种资本运作方式有助于企业在保持财务稳健的同时实现快速发展和扩张。

3. 投资高风险高收益项目

通过建立风险投资基金等资本运作手段，企业可以投资高风险高收益的项目。这种投资方式有助于企业获取超额收益并提升整体盈利能力。同时，风险投资还可以为企业带来新的技术、市场和资源等战略价值，推动企业的创新发展和转型升级。然而，需要注意的是，风险投资也伴随着较高的风险和不确定性，企业需要谨慎评估和决策以确保投资的安全性和收益性。

二、资本运作的目标

（一）长期目标：企业可持续发展与价值最大化

1. 实现企业可持续发展

企业可持续发展是资本运作的长期目标之一。在追求经济效益的同时，企业必须注重社会责任和环境保护，实现经济、社会和环境的协调发展。通过合理的资本运作，企业可以优化资源配置、提高资源利用效率、降低对环境的负面影响。同时，企业还可以通过投资研发、技术创新等手段推动产业升级和转型，实现可持续发展。

为了实现可持续发展，企业需要制定科学的资本运作战略。首先，企业要明确自身的发展定位和核心竞争力，选择符合自身特点的资本运作方式。其次，企业要注重长期效益和短期效益的平衡，避免盲目追求短期利益而忽视长期发展。最后，企业要加强内部管理，提升治理水平，确保资本运作的合规性和有效性。

2. 实现企业价值最大化

企业价值最大化是资本运作的另一个长期目标。企业价值是指企业未来现金流量的折现值，反映了企业的盈利能力和成长潜力。通过合理的资本运作，企业可以提升自身价值，为股东创造更多的财富。

为了实现企业价值最大化，企业需要采取多种措施。首先，企业要优化资本结构，降低财务风险和融资成本。其次，企业要加强投资管理和风险控制，确保投资项目的盈利性和安全性。最后，企业要注重品牌建设和市场拓展，提升市场份额和竞争力。

在追求企业价值最大化的过程中，企业还需要关注利益相关者的利益。只有与利益相关者建立良好的合作关系，才能实现共赢和可持续发展。因此，企业在资本运作过程中要注重与供应商、客户、员工等利益相关者的沟通和协调，共同推动企业的发展。

3. 长期目标的实践策略

为了实现可持续发展和价值最大化的长期目标，企业需要制定并实施一系列实践策略。首先，企业要制定明确的资本运作规划和战略，确保资本运作符合企业的发展方向和战略目标。其次，企业要注重风险管理和内部控制，确保资本运作的安全性和合规性。最后，企业要加强与金融机构和投资者的合作，拓宽融资渠道和降低融资成本。

此外，企业还需要注重人才培养和团队建设。只有拥有一支高素质、专业化的团队，才能为企业的资本运作提供有力的支持。因此，企业要加大对人才培养的投入力度，建立完善的人才激励机制和培训体系，提升团队的综合素质和创新能力。

（二）短期目标：解决特定财务问题或抓住市场机遇

1. 解决特定财务问题

企业在经营过程中可能会面临各种财务问题，如资金短缺、债务压力、股价低迷等。这些问题如果得不到及时解决，可能会对企业的正常经营和发展造成严重影响。因此，通过资本运作来解决这些特定财务问题成为企业的短期目标之一。

针对资金短缺问题，企业可以通过发行新股或债券来筹集资金。发行新股可以增加企业的股本和现金流量，为企业的扩张和发展提供资金支持。发行债券则可以以较低的成本筹集资金，并优化企业的债务结构。这些资本运作手段可以帮助企业迅速解决资金短缺问题，恢复正常经营秩序。

针对债务压力问题，企业可以通过债务重组来减轻财务负担。债务重组是指企业与债权人就原有债务进行重新协商和安排的行为。通过债务重组，企业可以延长还款期限、降低利率或减免部分债务等，从而减轻财务压力并提高偿债能力。这有助于企业恢复正常的经营秩序并保持良好的信用记录。

针对股价低迷问题，企业可以通过回购股份来提升股价。股份回购是指企业以自有资金或借款等方式从市场上购回自身发行的股份的行为。通过回购股份，企业可以减少流通在外的股份数量，提高每股收益和净资产收益率等指标，从而提升股价并增强投资者信心。这有助于维护企业的市场形象和股东利益。

2. 抓住市场机遇

市场机遇是指企业在市场环境变化中寻求发展机遇的重要手段。当市场出现新的投资机会或竞争对手出现经营困境时，通过资本运作来迅速进入新市场、获取优质资源或扩大市场份额成为企业的短期目标之一。

针对新的投资机会，企业可以通过收购或投资相关产业来获取优质资源或进入新市场。收购是指企业以现金、股票或其他资产购买另一家企业的全部或部分资产的行为。通过收购，企业可以迅速获得目标企业的优质资源、市场份额和品牌影响力等，从而实现快速发展。投资则是指企业以现金、实物或其他形式向其他企业或项目进行投资的行为。通过投资新兴产业或地区等具有发展潜力的领域，企业可以抓住市场机遇并实现多元化发展。

针对竞争对手的经营困境，企业可以通过兼并收购来扩大市场份额和提升竞争力。兼并收购是指两家或多家企业合并成一家企业的行为。通过兼并收购竞争对手的优质资产或业务，企业可以迅速扩大市场份额并提升竞争力。这有助于企业在激烈的市场竞争中占据有利地位并实现快速发展。

需要注意的是，在追求短期目标的同时，企业必须确保它们与长期目标保持一致。过于追求短期利益而忽视长期发展可能导致企业陷入困境。因此，在制定和实施资本运作策略时，企业需要综合考虑各种因素，平衡长短期利益，实现可持续发展和价值最大化。同时，企业还需要加强风险管理和内部控制，确保资本运作的安全性和合规性。

第三节　资本运作的主要模式与手段

一、资本运作的模式

（一）兼并与收购（M&A）

1. 兼并与收购的定义与类型

兼并（Merger）是指两家或多家独立的企业合并组成一家企业，通常由一家占优势的企业吸收其他企业。这种合并可以是平等的，也可以是吸收式的，即一家企业保持其法人地位，其他企业则丧失其法人地位。兼并的形式多样，包括横向兼并、纵向兼并和混合兼并等。横向兼并是指同一行业内的企业合并，以扩大市场份额和规模经济效应；纵向兼并则是产业链上下游企业的合并，以实现垂直整合和降低交易成本；混合兼并则是不同行业企业的合并，以实现多元化经营和分散风险。

收购（Acquisition）则是指一家企业通过购买另一家企业的股权或资产，从而获得对该企业的控制或影响。收购可以分为股权收购和资产收购两种类型。股权收购是指收购方购买目标企业的股份，成为其股东并控制目标企业；资产收购则是指收购方购买目标企业的部分或全部资产，但不承担其负债。收购的目的通常是为了获取目标企业的市场份额、技术、品牌或其他战略资源。

2. 兼并与收购的动机与效益

企业选择兼并与收购的动机多种多样，主要包括扩大市场份额、获取协同效应、实现多元化经营、降低成本和提高效率等。通过兼并与收购，企业可以迅速扩大规模、提高市场份额和竞争力；同时，通过整合双方资源，实现协同效应，提升整体价值；此外，兼并与收购还可以帮助企业进入新的市场或行业，实现多元化经营，降低经营风险；最后，通过优化资源配置和提高运营效率，降低成本，提升企业盈利能力。

然而，兼并与收购也存在一定的风险和挑战。首先，交易价格可能过高或过低，导致收购方承担过大的财务负担或损失；其次，整合过程中可能面临文化冲突、管理困难等问题；最后，市场环境的变化和竞争对手的反应也可能对兼并与收购的效果产生不利影响。

3. 兼并与收购的流程与关键要素

兼并与收购的流程通常包括目标筛选、尽职调查、交易谈判、交易完成和整合管理等阶段。在目标筛选阶段，企业需要明确自身的战略目标和收购标准，寻找合适的收购目标；在尽职调查阶段，企业需要对目标企业进行全面的调查和分析，评估其价值、潜在风险和协同效应；在交易谈判阶段，双方需要就交易价格、条件等进行协商并达成一致；在交易完成阶段，双方需要完成股权转让、资产交割等手续；最后，在整合管理阶段，企业需要制订整合计划并付诸实施，确保双方资源的有效整合和协同效应的发挥。

在兼并与收购过程中，关键要素包括交易价格、支付方式、融资方案、整合计划等。交易价格是双方协商的结果，需要反映目标企业的真实价值和市场情况；支付方式可以是现金、股份或其他形式，需要根据双方情况和市场环境进行选择；融资方案则需要考虑企业的财务状况、融资成本和风险等因素；最后，整合计划是确保兼并与收购成功的关键，需要制订详细的整合计划和时间表，并付诸实施。

（二）资产剥离与重组

1. 资产剥离与重组的定义与类型

资产剥离（Divestiture）是指企业将非核心业务、不良资产或冗余资产出售给其他企业，以获取现金流、减轻财务负担或集中优势资源发展核心业务的行为。资产剥离可以分为股权剥离和资产出售两种类型。股权剥离是指企业将其持有的其他企业的股份出售给第三方；资产出售则是指企业将其拥有的固定资产、无形资产等出售给第三方。

资产重组（Restructuring）则是指企业通过调整内部资产结构、优化资源配置、引入新的投资者等方式，提升企业整体价值和竞争力的过程。资产重组的形式多样，包括债务重组、股权重组、业务重组等。债务重组是指企业与债权人就原有债务进行重新协商和安排的行为；股权重组则是指企业通过发行新股、回购股份等方式调整股本结构；业务重组则是指企业对不同业务板块进行整合和优化配置。

2. 资产剥离与重组的动机与效益

企业选择资产剥离与重组的动机主要包括优化资源配置、提高运营效率、降低财务风险和获取战略利益等。通过剥离非核心业务或不良资产，企业可以集中优势资源发展核心业务，提高市场竞争力；同时，通过优化内部资产结构和引入新的投资者，企业可以提升整体价值和竞争力；此外，资产剥离与重组还可以帮助企业降低财务风险，改善财务状况；最后，通过与其他企业的合作或引入战略投资者，企业还可以获取更多的战略利益和市场机会。

然而，资产剥离与重组也存在一定的风险和挑战。首先，剥离过程中可能面临资产定价困难、交易对手选择不当等问题；其次，重组过程中可能面临整合困难、文化冲突等问题；最后，市场环境的变化和竞争对手的反应也可能对资产剥离与重组的效果产生不利影响。

3. 资产剥离与重组的流程与关键要素

资产剥离与重组的流程通常包括目标确定、方案设计、交易实施和后续整合等阶段。在目标确定阶段，企业需要明确剥离或重组的目标和原则，选择合适的剥离或重组对象；在方案设计阶段，企业需要制订详细的剥离或重组方案，包括交易结构、价格确定、融资安排等；在交易实施阶段，企业需要与交易对手进行谈判并达成一致，完成相关手续和交割；最后，在后续整合阶段，企业需要制定整合计划并付诸实施，确保剥离或重组后的业务顺利运营并发挥协同效应。

在资产剥离与重组过程中，关键要素包括交易对象选择、交易价格确定、融资安排和整合计划等。交易对象的选择需要符合企业的战略目标和剥离或重组原则；交易价格的确定需要反映剥离或重组资产的真实价值和市场情况；融资安排则需要考虑企业的财务状况、融资成本和风险等因素；最后，整合计划是确保资产剥离与重组成功的关键，需要制订详细的整合计划和时间表并付诸实施。

（三）股份回购与发行

1. 股份回购的定义、动机与效益

股份回购是指企业利用自有资金或通过债务融资等手段，从市场上购回自身发行在外的股份。这一行为通常出于多种动机，包括提升股价、增强投资者信心、实施股权激励计划、优化股本结构以及对抗敌意收购等。通过股份回购，企业可以减少流通在外的股份数量，从而提高每股收益和股价，这对于提升投资者信心和稳定市场情绪具有积极作用。同时，股份回购还可以作为股权激励计划的股票来源，激励员工更积极地为企业创造价值。

然而，股份回购也存在一定的风险和挑战。首先，企业需要确保拥有足够的资金来支持回购计划，否则可能会对企业的财务状况产生负面影响。其次，股份回购的时机和价格选择至关重要，不当的回购决策可能导致企业资源的浪费。最后，股份回购可能会对企业的股本结构和股东权益产生影响，需要谨慎权衡各方利益。

2. 股份发行的类型、流程与关键要素

股份发行是企业筹集资金的一种方式，通过向投资者出售股份来筹集所需资金。股份发行可以分为公开发行和非公开发行两种类型。公开发行是指企业通过证券交易所向广大投资者公开发售新股，筹集资金规模较大，但发行过程较为烦琐且成本较高。非公开发行则是指企业向特定投资者（机构投资者、战略投资者等）定向发售新股，筹集资金规模相对较小，但发行过程较为灵活且成本较低。

股份发行的流程通常包括确定发行目标、制订发行方案、履行审批程序、进行路演推介、确定发行价格和完成股份交割等步骤。在这个过程中，企业需要充分考虑市场环境、投资者需求、融资成本以及自身财务状况等因素，制订合理的发行方案和价格策略。同时，企业还需要与监管机构、投资者和中介机构等各方进行充分沟通和协调，确保发行的顺利进行。

股份发行的关键要素包括发行价格、发行数量、发行对象、发行时机和发行方式等。发行价格是影响企业筹集资金规模和投资者收益的重要因素，需要根据市场情况和投资者需求进行合理定价。发行数量则需要根据企业的融资需求和股本结构进行确定。发行对象的选择需要充分考虑投资者的投资偏好、资金实力和市场影响力等因素。发行时机的选择则需要关注市场走势、政策环境以及企业自身的发展阶段等因素。最后，发行方式的选择需要根据企业的实际情况和市场环境进行灵活调整。

3. 股份回购与发行的市场影响与监管要求

股份回购与发行作为企业资本运作的重要手段，对市场和监管环境具有重要影响。首先，股份回购与发行可以影响企业的股价和市值，进而影响投资者的收益和市场走势。因此，企业在实施股份回购与发行时需要充分考虑市场反应和投资者利益，避免对市场造成不良影响。其次，股份回购与发行涉及资金流动和权益变动等问题，需要受到监管机构的严格监管和审查。企业需要遵守相关法律法规和监管要求，确保交易的合规性和公平性。最后，随着市场的发展和监管环境的变化，股份回购与发行的相关政策和规定也在不断完善和调整。企业需要密切关注市场动态和政策变化，及时调整自身的资本运作策略。

（四）债务重组与再融资

1. 债务重组的定义、类型与流程

债务重组是指企业在面临财务困境时，与债权人协商达成新的还款协议，以调整债务结构、延长还款期限、降低利率等方式来减轻财务负担的行为。债务重组可以分为自主协商型和法院裁定型两种类型。自主协商型债务重组是指企业与债权人自愿协商达成新的还款协议，无须经过法院裁定程序。法院裁定型债务重组则是指在企业无法与债权人达成一致时，通过法院裁定程序强制进行债务重组。

债务重组的流程通常包括确定重组目标、制订重组方案、与债权人协商谈判、履行审批程序和实施重组计划等步骤。在这个过程中，企业需要充分了解自身的财务状况和债权人的诉求，制订合理的重组方案并与债权人进行充分沟通和协商。同时，企业还需要关注法律法规和监管要求的变化，确保重组计划的合规性和可行性。

2. 再融资的方式、条件与考虑因素

再融资是指企业通过发行新债或股权来筹集资金的过程，可以用于偿还旧债、投资新项目或补充流动资金等目的。再融资的方式包括配股、增发新股、发行可转换债券和发行公司债券等。不同的再融资方式具有不同的特点和适用条件，企业需要根据自身的实际情况和市场环境进行选择。

再融资的条件通常包括企业的财务状况、盈利能力、发展前景以及市场环境等因素。企业需要具备良好的财务状况和盈利能力才能吸引投资者的关注并获得融资支持。同时，企业的发展前景和市场环境也是投资者考虑的重要因素之一。因此，企业在选择再融资方式时需要充分考虑这些因素并制定相应的策略。

在考虑再融资时，企业还需要关注融资成本、融资期限、资金用途以及股东权益等问题。融资成本是影响企业选择再融资方式的重要因素之一，不同的融资方式具有不同的成本结构和费用水平。融资期限则需要根据企业的资金需求和还款能力进行合理确定。资金用途则需要明确并符合相关法律法规和监管要求。最后，股东权益的保护也是企业在再融资过程中需要考虑的重要问题之一。

3. 债务重组与再融资的市场影响、风险与挑战

债务重组与再融资作为企业重要的资本运作手段，对市场和企业自身具有显著的影响。首先，债务重组与再融资可以改善企业的财务状况和增强偿债能力，从而提升企业的信用评级和市场形象。这有助于恢复投资者信心并稳定市场情绪，为企业未来的发展创造有利条件。其次，债务重组与再融资可以为企业筹集所需的资金，支持其扩大生产规模、投资新项目或补充流动资金等需求。这有助于提升企业的竞争力和市场地位，实现可持续发展。

然而，债务重组与再融资也存在一定的风险和挑战。首先，企业需要与债权人或投资者进行充分的沟通和协商，以确保交易的可行性和各方的利益得到保障。这可能需要耗费大量的时间和精力，并面临谈判破裂或交易失败的风险。其次，债务重组与再融资涉及资金流动和权益变动等问题，需要受到监管机构的严格监管和审查。企业需要遵守相关法律法规和监管要求，确保交易的合规性和公平性。最后，市场环境的变化和竞争对手的反应也可能对债务重组与再融资的效果产生不利影响。企业需要密切关注市场动态和政策变化，及时调整自身的资本运作策略以应对各种挑战。

二、资本运作的手段

（一）利用金融市场与金融工具

1. 金融市场的功能与作用

金融市场作为企业资本运作的重要平台，具有多种功能与作用。首先，金融市场提供了多样化的融资渠道，企业可以通过发行股票、债券等金融工具筹集资金，满足扩大生产、投资新项目等需求。其次，金融市场为企业提供了投资选择，企业可以根据自身的发展战略和风险偏好，选择适合的投资标的进行资产配置。此外，金融市场还具有价格发现、风险管理和信息传递等功能，有助于企业做出科学、合理的决策。

2. 金融工具的种类与应用

金融工具是企业在金融市场上进行资本运作的具体手段。常见的金融工具

包括股票、债券、基金、期货、期权等。股票是企业筹集资金的重要方式之一，通过发行股票可以吸引投资者的资金，实现企业价值的最大化。债券则是企业借款的一种形式，通过发行债券可以筹集长期稳定的资金，降低财务风险。基金、期货、期权等金融工具则为企业提供了更多的投资选择和风险管理手段。

3. 利用金融市场与金融工具的策略与风险

在利用金融市场与金融工具进行资本运作时，企业需要制定合理的投资策略和风险管理方案。投资策略应根据企业的发展目标、市场环境、资金状况等因素进行制定，确保投资的安全性和收益性。风险管理方案则应针对可能出现的市场风险、信用风险、流动性风险等制定应对措施，确保企业的稳健运营。

（二）寻求外部投资与合作伙伴

1. 外部投资的优势与途径

寻求外部投资是企业进行资本运作的重要途径之一。外部投资可以为企业带来资金、技术、市场渠道等资源支持，提升企业的竞争力和发展潜力。常见的外部投资途径包括股权融资、债权融资、政府补助等。股权融资是指企业通过出售部分股权筹集资金的方式，可以吸引战略投资者或财务投资者的关注。债权融资则是企业通过借款的方式筹集资金，可以获得较低的融资成本和较长的还款期限。政府补助则是政府为鼓励企业发展而提供的资金支持，可以降低企业的经营成本和风险。

2. 合作伙伴的选择与合作模式

寻求合作伙伴也是企业进行资本运作的重要手段之一。合作伙伴可以为企业提供战略协同、资源共享、风险共担等优势，促进企业的快速发展和扩张。在选择合作伙伴时，企业需要关注对方的实力、信誉、发展战略等因素，确保双方的合作能够实现共赢。常见的合作模式包括合资、联营、战略联盟等。合资是指双方共同出资成立新企业的方式，可以实现资源共享和优势互补。联营则是指双方在某些业务领域进行合作，共同开拓市场或降低成本。战略联盟则是双方为实现共同战略目标而形成的紧密合作关系。

3. 寻求外部投资与合作伙伴的风险与挑战

在寻求外部投资与合作伙伴过程中，企业也面临着一定的风险和挑战。首先，企业需要与潜在投资者或合作伙伴进行充分的沟通和协商，以达成共识并建立互信关系。这需要企业具备良好的商业信誉和合作精神，以及专业的谈判技巧和沟通能力。其次，企业需要关注市场环境的变化和竞争对手的反应，及时调整自身的合作策略和投资计划。最后，企业还需要关注合作过程中的利益分配和风险承担问题，制定合理的合作协议和风险管理机制，确保双方的利益得到保障并实现共赢。

（三）调整内部财务结构与政策

1. 内部财务结构的优化与调整

内部财务结构是企业资本运作的基础和核心。优化内部财务结构可以降低财务风险、提升盈利能力并增强企业的市场竞争力。具体来说，企业可以通过调整资本结构来降低财务杠杆和融资成本；通过优化债务结构来合理安排还款期限和降低利率；通过改善现金流结构来确保企业的流动性和稳健运营。此外，企业还可以关注资产质量和运营效率等方面的问题，通过加强资产管理和提高运营效率来优化内部财务结构。

2. 财务政策的制定与实施

财务政策是企业进行资本运作的重要手段之一。合理的财务政策可以为企业创造更多的价值并实现可持续发展。具体来说，企业可以根据市场环境和自身需求制定合理的股利政策、融资政策和投资政策等。股利政策是企业向股东分配利润的方式和策略，需要考虑企业的盈利能力、现金流状况、发展需求等因素。融资政策则是企业筹集资金的方式和策略，需要考虑企业的融资需求、融资成本、融资风险等因素。投资政策则是企业进行投资决策的方式和策略，需要考虑企业的投资目标、投资风险、投资收益等因素。

3. 调整内部财务结构与政策的挑战与应对策略

在调整内部财务结构与政策过程中，企业也面临着一定的挑战和困难。首先，企业需要具备专业的财务管理知识和丰富的实践经验以制订科学合理的决策方案。其次，企业需要关注市场环境的变化和政策法规的调整对内部财务结构与政策的影响，并及时做出相应的调整和完善。最后，企业还需要加强内部沟通与协作以确保各项财务政策的顺利实施并取得预期效果。为了应对这些挑战和困难，企业可以采取以下策略。一是加强财务管理团队建设并提高团队成员的专业素质。二是加强与外部专业机构的合作以获取更多的信息和支持。三是建立完善的内部沟通与协作机制以确保各项工作的顺利开展。四是持续关注市场动态和政策法规变化并及时调整自身的财务策略。

第四节　资本运作与企业价值的关系

一、资本运作对企业价值的影响

（一）优化资本结构以降低财务风险

1. 资本运作与资本结构调整

资本运作的核心在于通过各种金融工具和手段，如股权融资、债务重组、资产证券化等，来调整和优化企业的资本结构。资本结构是企业筹资组合的结果，反映了企业各种资本的价值构成及其比例关系。合理的资本结构有助于企业降低加权平均资本成本，提高财务稳健性，进而提升企业价值。

2. 降低财务风险

通过资本运作优化资本结构，企业可以降低其财务风险。财务风险主要来源于企业的债务负担和偿债能力的不确定性。当企业的债务比例过高时，其面临的财务风险也随之增加。通过资本运作，企业可以合理调整债务和权益资本的比例，降低财务风险，提高财务安全性。

3. 增强偿债能力和抵御风险能力

优化资本结构不仅有助于降低财务风险，还可以增强企业的偿债能力和抵御风险的能力。当企业的资本结构更加合理时，其现金流状况通常也会得到改善，从而提高企业的偿债能力。同时，合理的资本结构还有助于企业更好地应对市场变化和外部冲击，增强抵御风险的能力。

（二）提高运营效率以增强盈利能力

1. 资本运作与资源配置优化

通过资本运作，如资产剥离、企业并购等手段，企业可以优化其资源配置。

资产剥离可以帮助企业剥离非核心业务和不良资产，集中优势资源发展核心业务；企业并购则可以帮助企业迅速扩大生产规模和市场份额，获取更多的资源和市场机会。这些资本运作手段都有助于提高企业的运营效率。

2. 降低生产成本和费用支出

提高运营效率有助于企业降低生产成本和费用支出。通过优化资源配置和提高生产效率，企业可以减少不必要的浪费和损耗，降低生产成本。同时，提高运营效率还可以帮助企业更加有效地管理各项费用支出，如销售费用、管理费用等，从而降低费用支出水平。

3. 增强市场竞争力

提高运营效率不仅可以降低生产成本和费用支出，还可以增强企业的市场竞争力。当企业的运营效率得到提高时，其产品质量和服务水平通常也会得到提升，从而满足消费者的需求并赢得市场份额。这将有助于企业在激烈的市场竞争中保持领先地位并实现可持续发展。

（三）拓展市场份额以提升竞争力

1. 资本运作与市场拓展

资本运作是拓展市场份额的重要手段之一。通过企业并购、战略联盟等资本运作方式，企业可以迅速扩大生产规模和销售网络，拓展市场份额。这将有助于企业在激烈的市场竞争中保持领先地位并实现可持续发展。

2. 增加销售收入和利润水平

拓展市场份额有助于企业增加销售收入和利润水平。当企业的市场份额得到拓展时，其销售收入通常会随之增加。同时，随着市场份额的扩大，企业的规模效应和品牌影响力也会逐渐显现，从而进一步提高其利润水平。

3. 提升品牌知名度和市场影响力

拓展市场份额不仅可以增加企业的销售收入和利润水平，还可以提升企业的品牌知名度和市场影响力。当企业在市场中占据领先地位并拥有较高的市场份额时，其品牌知名度和市场影响力通常会得到显著提升。这将有助于企业在消费者心中建立更加积极的品牌形象并赢得更多的市场机会。

二、资本运作中的风险管理

（一）识别与评估潜在风险

1. 市场环境的风险识别

在资本运作中，市场环境的变化往往带来不可预测的风险。这些变化可能包括宏观经济形势的波动、行业发展趋势的转变、消费者需求的改变等。企业需要密切关注市场动态，通过市场调研和数据分析，及时发现这些潜在的市场风险。

2. 竞争对手行为的风险评估

竞争对手的行为也是资本运作中不可忽视的风险来源。竞争对手可能采取的价格战、营销策略调整、新产品推出等措施，都可能对企业的资本运作造成影响。因此，企业需要对竞争对手的行为进行深入分析，评估其可能带来的风险。

3. 政策法规调整的风险考量

政策法规的调整往往对企业的资本运作产生直接影响。例如，税收政策的调整、行业监管的加强、环保要求的提高等，都可能增加企业的运营成本，影响企业的盈利能力。因此，企业需要密切关注政策法规的动态，及时调整自身的经营策略，以应对可能的风险。

（二）制定风险应对策略与措施

1. 风险规避策略

风险规避是指企业主动放弃或退出可能带来风险的活动或领域。在资本运作中，当企业面临较大风险时，可以考虑采取风险规避策略，避免不必要的损失。例如，当某个投资项目的风险过大时，企业可以选择放弃该项目，转而寻求其他更稳健的投资机会。

2. 风险降低措施

风险降低是指企业采取一系列措施来降低潜在风险的发生概率或影响程度。这些措施可能包括加强内部控制、提高运营效率、优化产品结构等。通过风险降低措施，企业可以在一定程度上减少风险带来的损失，保障资本运作的顺利进行。

3. 风险转移策略

风险转移是指企业通过某种方式将风险转移给其他主体承担。在资本运作中，常见的风险转移策略包括购买保险、签订风险共担协议等。通过风险转移策略，企业可以将部分或全部风险转移给其他主体，从而减轻自身的风险负担。

4. 风险接受与应对

在某些情况下，企业可能无法完全规避或降低风险，这时就需要考虑风险接受与应对。风险接受是指企业承认并接受风险的存在，同时制定相应的应对措施来应对可能发生的风险事件。这些应对措施可能包括建立应急预案、储备风险资金等。通过风险接受与应对，企业可以在风险事件发生时迅速做出反应，减少损失并保障资本运作的连续性。

（三）监控与调整风险管理计划

1. 定期审查风险管理计划

企业需要定期对风险管理计划进行审查，以确保其仍然适用于当前的市场环境和企业状况。审查的内容包括风险管理目标的达成情况、风险应对策略的有效性、风险管理流程的执行情况等。通过定期审查，企业可以及时发现并解决风险管理计划中存在的问题。

2. 及时调整风险管理策略

当市场环境或企业状况发生变化时，原先的风险管理策略可能不再适用。这时，企业需要及时调整风险管理策略，以适应新的市场环境和企业状况。调整的内容可能包括重新评估潜在风险、更新风险应对策略、优化风险管理流程等。通过及时调整风险管理策略，企业可以确保风险管理的有效性和适应性。

3. 建立完善的风险管理机制和流程

为了提高风险管理的效率和效果，企业需要建立完善的风险管理机制和流程。这些机制和流程应该包括风险识别与评估、风险应对策略制定与执行、风险管理计划监控与调整等环节。同时，企业还需要加强风险管理的组织领导和人员培训，提高全员的风险意识和风险管理能力。通过建立完善的风险管理机制和流程，企业可以更加系统地开展风险管理工作，保障资本运作的安全与稳健。

三、企业价值评估与资本运作决策

（一）运用财务分析方法评估企业价值

在进行资本运作决策时，企业价值的评估是至关重要的。而财务分析方法作为一种科学、有效的评估工具，被广泛应用于企业价值的评估中。具体来说，企业可以通过以下几个方面的财务分析来评估自身价值。

1. 盈利能力分析

盈利能力是衡量企业经营成果的重要指标之一。通过对企业财务报表中的收入、成本、利润等数据的分析，可以了解企业的盈利能力及其变化趋势。例如，通过计算毛利率、净利率、总资产收益率等指标，可以评估企业在不同时期的盈利水平，以及盈利能力的稳定性和可持续性。

2. 偿债能力分析

偿债能力是衡量企业财务风险的重要指标之一。通过对企业财务报表中的资产、负债、现金流量等数据的分析，可以了解企业的偿债能力及其财务风险水平。例如，通过计算流动比率、速动比率、资产负债率等指标，可以评估企业在不同时期的短期和长期偿债能力，以及债务风险的大小。

3. 运营效率分析

运营效率是衡量企业管理水平和资产利用效率的重要指标之一。通过对企业财务报表中的存货、应收账款、固定资产等数据的分析，可以了解企业的运营效率及其变化趋势。例如，通过计算存货周转率、应收账款周转率、总资产周转率等指标，可以评估企业在不同时期的资产利用效率和运营效率，以及运营风险的大小。

通过以上 3 个方面的财务分析，企业可以全面、深入地了解自身的财务状况和经营成果，为后续的资本运作决策提供重要依据。同时，财务分析还可以帮助企业发现自身存在的问题和不足之处，为改进和提升提供有力支持。

（二）制定基于企业价值最大化的资本运作策略

在评估企业价值后，制定基于企业价值最大化的资本运作策略是至关重要的。具体来说，企业可以根据以下几个方面来制定资本运作策略。

1. 明确战略目标

企业在制定资本运作策略时，首先需要明确自身的战略目标。这些目标应该与企业的长期发展规划和市场定位相契合，既要考虑当前的财务状况和经营成果，又要考虑未来的发展趋势和市场机遇。只有在明确战略目标的基础上，企业才能制定出符合自身实际情况和市场环境的资本运作策略。

2. 灵活选择资本运作方式

在实现战略目标的过程中，企业需要灵活选择和应用各种资本运作方式。常见的资本运作方式包括兼并与收购、资产剥离与重组、股份回购与发行等。不同的资本运作方式具有不同的优缺点和适用条件，企业需要根据自身情况和市场环境的变化，灵活选择和应用这些方式，以实现企业价值的最大化。

3. 强化风险管理

在制定资本运作策略时，企业需要充分考虑潜在的风险因素，确保决策的科学性和合理性。具体来说，企业需要对各种资本运作方式可能带来的风险进行全面评估和分析，制定相应的风险应对措施和预案。同时，企业还需要建立完善的风险管理机制和流程，提高风险管理的效率和效果，为企业的稳健经营和可持续发展提供有力保障。

（三）平衡风险与收益以做出明智决策

在制定资本运作策略时，平衡风险与收益的关系是至关重要的。任何投资都存在风险与收益的平衡问题，资本运作也不例外。因此，企业需要在追求收益的同时，充分考虑潜在的风险因素，以确保决策的科学性和合理性。具体来说，企业可以通过以下几个方面来平衡风险与收益的关系。

1. 制定科学合理的收益预期

企业在制定资本运作策略时，需要制定科学合理的收益预期。这些预期应该基于对企业财务状况、市场环境、行业竞争态势等因素的深入分析和研究，既要考虑当前的收益水平，又要考虑未来的收益增长潜力。只有在制定科学合理的收益预期的基础上，企业才能制定出符合自身实际情况的资本运作策略。

2. 强化风险管理和防范措施

为了降低潜在风险对企业的影响，企业需要建立完善的风险管理和防范措施。这些措施应该包括对各种风险因素的全面评估和分析、制定相应的风险应对措施和预案、建立完善的风险管理机制和流程等。通过强化风险管理和防范措施，企业可以最大限度地降低潜在风险对企业的影响，确保企业的稳健经营和可持续发展。

3. 灵活调整资本运作策略以适应市场环境变化

市场环境的变化往往对企业的资本运作产生影响。因此，企业需要密切关注市场环境的变化，灵活调整自身的资本运作策略以适应市场环境的变化。例如，当市场环境发生变化时，企业可以及时调整投资方向、优化投资组合、调整资本结构等，以确保资本运作策略的有效性和适应性。

第二章　企业财务管理与资本运作

第一节　财务管理的核心内容与目标

一、财务管理的定义与重要性

（一）企业财务管理的概念

企业财务管理，从广义上讲，是在国家法律法规和相关方针、政策的指导下，根据市场经济的规律和企业对资金管理的需求，对企业财务活动及财务关系进行的有组织、有计划的管理工作。它是企业整体管理体系中的关键组成部分，与企业的生产、经营、销售等各个环节紧密相连。从狭义上说，财务管理主要关注的是企业资金的筹集、使用、分配以及相关的风险控制活动，旨在通过高效、合理的资金运作，提升企业的经济效益和市场竞争力。

具体来说，企业财务管理的任务包括制定财务战略和计划，确保企业资金的安全和增值；进行财务决策，如投资决策、融资决策和利润分配决策等；组织和实施财务活动，包括资金的筹集、使用、调度和回收等；建立和维护财务关系，与内外部利益相关者进行有效的沟通和协调；以及进行财务风险管理和内部控制，确保企业财务活动的合规性和稳健性。

在企业运营过程中，财务管理发挥着至关重要的作用。它不仅是企业决策的重要依据，也是企业风险防控的重要手段。通过科学、合理的财务管理，企业可以更加有效地配置资源、提高资金的使用效率、降低财务风险，从而实现企业的长期稳定发展。

（二）财务管理在企业运营中的地位

1. 财务管理的核心地位

财务管理在企业运营中占据着核心地位。这是因为企业的所有经济活动最终都会反映到财务上。无论生产、销售，还是研发、投资，都需要通过财务数据来衡量其效果和效益。财务管理通过对企业资金的筹集、使用、控制和监督，贯穿于企业生产经营的各个环节，是企业实现价值最大化的重要保障。同时，财务管理还涉及企业与外部利益相关者（股东、债权人、供应商等）之间的财务关系处理，这直接关系到企业的声誉和形象。因此，可以说财务管理是企业运营中不可或缺的一部分。

2. 财务管理在企业决策中的重要作用

财务管理在企业决策中发挥着至关重要的作用。企业的投资决策、融资决策、经营决策等都需要以财务数据为基础进行科学分析和预测。例如，在进行投资决策时，企业需要对投资项目的收益、风险、现金流等进行全面评估，以确定投资项目的可行性和优劣顺序。这些评估工作都离不开财务管理的支持和保障。同时，在融资决策中，企业也需要根据自身的财务状况和市场环境选择合适的融资方式和渠道，以降低融资成本并提高融资效率。这些都需要财务管理部门提供准确、及时的财务数据和分析报告作为决策依据。

3. 财务管理在企业风险防控中的关键作用

随着市场竞争的日益激烈和经济环境的不断变化，企业面临的风险也越来越多。其中财务风险是企业面临的重要风险之一。财务管理作为企业风险防控的重要手段之一，可以通过建立健全的财务管理制度和内部控制体系来有效地识别、评估和控制各类财务风险。例如，通过建立严格的资金管理制度和审批流程来确保企业资金的安全；通过建立完善的应收账款管理制度来降低坏账损失风险；通过建立有效的成本控制体系来降低生产成本并提高盈利能力等。这些措施都可以帮助企业有效地防范和控制财务风险，确保企业的稳健运营。

二、财务管理的核心内容

财务管理作为企业管理的重要组成部分，其核心内容主要包括资金管理、成本管理、收益管理和财务分析 4 个方面。以下将分别就这 4 个方面进行深入论述。

（一）资金管理：现金流管理、资金筹集与运用

资金管理是财务管理的基石，它涉及企业资金的流入、流出以及资金在企业内部的合理配置。现金流管理作为资金管理的核心，要求企业保持合理的现金流入和流出，以确保企业生产经营的正常进行。具体来说，现金流管理包括以下几个方面。

（1）现金流预测：通过对企业未来一段时间内的现金流入和流出进行预测，帮助企业提前规划资金需求和安排资金调度。

（2）现金流监控：实时跟踪企业的现金流入和流出情况，及时发现现金流异常并采取相应措施进行调整。

（3）现金流优化：通过合理的资金调度和安排，优化企业的现金流结构，提高资金使用效率。

资金筹集是企业获取所需资金的重要途径。企业可以通过股权融资、债务融资等方式筹集资金。股权融资包括发行股票、引入战略投资者等方式，可以为企业带来长期稳定的资金支持；债务融资则包括银行贷款、发行债券等方式，可以为企业带来较低成本的资金支持。

资金运用要求企业根据自身的战略目标和市场环境，将筹集到的资金合理地投入到各项资产中，以获取最大的经济效益。资金运用应遵循风险与收益相均衡的原则，既要追求高收益，又要控制好风险。

（二）成本管理：成本控制、成本分析与预算

成本管理是企业降低成本、提高效益的重要手段。成本控制是成本管理的核心环节，它要求企业在保证产品质量的前提下，通过改进生产工艺、提高生产效率等方式，降低产品的生产成本。具体来说，成本控制可以从以下几个方面入手。

（1）原材料成本控制：通过优化采购渠道、降低采购成本等方式，控制原材料的采购成本。

（2）人工成本控制：通过提高员工的工作效率、优化人力资源配置等方式，降低人工成本。

（3）制造费用控制：通过精细化管理、减少浪费等方式，降低制造过程中的各项费用。

成本分析是对企业生产过程中发生的各项成本进行深入剖析的过程。通过成本分析，企业可以找出成本变动的规律和原因，为成本控制提供有力支持。成本分析的方法包括比较分析法、因素分析法、差额计算法等。

成本预算是根据企业的生产计划和销售预测，提前对各项成本进行科学合理的预测和规划。通过成本预算，企业可以明确各项成本的控制目标，为实际成本控制提供参照依据。

（三）收益管理：收入确认、利润分配

收益管理是企业实现盈利目标的重要手段。收入确认是收益管理的关键环节，它要求企业按照会计准则的规定，合理确认和计量各项收入，确保收入的准确性和完整性。具体来说，收入确认应遵循以下原则。

（1）权责发生制原则：即收入应在企业履行了相关义务并取得收款权利时确认。

（2）实质重于形式原则：即收入的确认应基于交易的实质而非形式。

（3）谨慎性原则：即对收入的确认应保持谨慎态度，不高估收入也不低估费用。

利润分配则涉及企业如何将实现的利润在股东、员工、债权人等利益相关者之间进行合理分配。利润分配应遵循公平、公正、合理的原则，既要保障股东的利益，又要激励员工为企业创造更大的价值。具体来说，利润分配的顺序一般为先弥补以前年度亏损，再提取法定盈余公积金，然后提取任意盈余公积金，最后向股东分配利润。

（四）财务分析：财务报表分析、财务比率分析

财务分析是财务管理的重要工具之一，它通过对企业的财务状况和经营成果进行深入剖析，帮助企业了解自身的财务状况和经营成果，为企业的决策提供依据。财务分析主要包括财务报表分析和财务比率分析两个方面。

财务报表分析是对企业的资产负债表、利润表、现金流量表等财务报表进行深入剖析的过程。通过财务报表分析，企业可以了解自身的资产状况、负债状况、盈利状况以及现金流状况等。具体来说，财务报表分析的方法包括趋势

分析法、结构分析法、比较分析法等。

财务比率分析是通过计算各项财务比率来评估企业的财务状况和经营成果的过程。常见的财务比率包括流动比率、速动比率、资产负债率、应收账款周转率、存货周转率、销售净利率等。通过计算这些财务比率，企业可以对自身的偿债能力、营运能力、盈利能力等进行全面评估。具体来说，财务比率分析的方法包括单项比率分析法、综合比率分析法等。

三、财务管理的目标

财务管理作为企业管理的重要组成部分，其目标自然与企业的整体目标紧密相连。财务管理的核心目标可以概括为在风险可控的前提下，通过合理配置和有效利用企业资源，实现股东财富最大化、企业价值最大化、利润最大化与风险最小化以及利益相关者利益平衡。以下将分别就这4个目标进行详细论述。

（一）股东财富最大化

股东作为企业的所有者，其财富最大化是财务管理的重要目标之一。实现股东财富最大化，需要企业从以下几个方面入手。

（1）提高盈利能力：企业应通过加强市场营销、优化产品结构、提高生产效率等方式，不断提高盈利能力，为股东创造更多的收益。

（2）优化资本结构：企业应根据自身的财务状况和市场环境，合理安排债务和权益的比例，以降低资本成本，提高股东的收益水平。

（3）加强内部控制：企业应建立完善的内部控制体系，规范财务管理流程，确保财务信息的准确性和完整性，防止财务风险的发生，保障股东的利益不受损害。

实现股东财富最大化还需要企业关注市场变化和行业动态，及时调整经营策略和财务策略，以适应不断变化的市场环境。同时，企业还应加强与股东之间的沟通和交流，充分披露财务信息，增强股东对企业的信任和支持。

（二）企业价值最大化

企业价值最大化是指通过合理配置和利用企业资源，实现企业整体价值的最大化。与股东财富最大化相比，企业价值最大化更加注重企业的长期发展潜力和市场地位。实现企业价值最大化需要从以下几个方面入手。

（1）制订科学合理的战略规划：企业应根据自身的实际情况和市场环境，制订具有前瞻性和可操作性的战略规划，明确未来的发展方向和目标。

（2）加强创新驱动：企业应注重技术创新、产品创新和管理创新，提高自身的核心竞争力，以应对日益激烈的市场竞争。

（3）提升品牌形象：企业应注重品牌建设和维护，树立良好的企业形象和口碑，提高企业的知名度和美誉度。

实现企业价值最大化还需要企业关注社会责任和可持续发展问题。企业应积极履行社会责任，关注环境保护、公益事业等方面的问题，实现经济效益与社会效益的双赢。同时，企业还应注重可持续发展，确保企业的长期发展潜力和市场地位不受损害。

（三）利润最大化与风险最小化

利润最大化是企业追求的直接目标之一，也是财务管理的重要目标之一。实现利润最大化需要企业从以下几个方面入手。

（1）提高收入：企业应通过加强市场营销、拓展销售渠道等方式，提高产品或服务的销售收入。

（2）降低成本：企业应通过优化生产流程、提高生产效率、降低原材料采购成本等方式，降低产品或服务的生产成本。

（3）加强资产管理：企业应加强对各项资产的管理和维护，提高资产的使用效率和价值。

然而，在追求利润最大化的过程中，企业也面临着各种风险和挑战。财务管理还需要关注风险最小化这一目标，通过建立健全的风险管理体系、加强风险预警和防控等方式降低企业面临的各种风险。具体来说，企业可以从以下几个方面入手。

（1）建立完善的风险管理制度：企业应制定完善的风险管理制度和流程，明确风险管理的职责和权限，确保风险管理工作的有效开展。

（2）加强风险识别和评估：企业应定期对各项业务和财务活动进行风险评估和识别，及时发现潜在的风险点并制定相应的应对措施。

（3）建立风险预警机制：企业应建立风险预警机制，通过监测和分析各项财务指标和业务数据，及时发现异常情况并采取相应的预警措施。

（四）利益相关者利益平衡

在现代企业中，除了股东之外，还存在其他许多利益相关者，如员工、债权人、供应商、客户等。这些利益相关者的利益诉求各不相同，有时甚至存在冲突。财务管理的目标之一就是要平衡各方利益相关者的利益诉求，确保企业的稳健运营和可持续发展。具体来说，企业可以从以下几个方面入手。

（1）加强内部沟通协调：企业应建立有效的内部沟通协调机制，促进各部门和利益相关者之间的信息交流和合作，共同推动企业的发展。

（2）建立良好的合作关系：企业应与供应商、客户等利益相关者建立良好的合作关系，实现互利共赢的目标。通过加强合作和交流，增进彼此之间的信任和理解，为企业的稳健运营和可持续发展创造良好的外部环境。

（3）积极履行社会责任：企业应积极履行社会责任，关注环境保护、公益事业等方面的问题。通过履行社会责任，企业可以树立良好的社会形象和口碑，提高自身的知名度和美誉度。同时，履行社会责任也有助于平衡各方利益相关者的利益诉求，促进企业的可持续发展。

第二节 财务管理在资本运作与价值创造中的作用

一、财务管理在资本运作中的角色

（一）估值分析：评估目标企业的价值

在资本运作的各个环节中，估值分析占据着举足轻重的地位。财务管理在这一环节中的核心任务，就是对目标企业进行全面、深入的价值评估。这不仅仅是对企业财务报表的数字解读，更是对其背后商业模式、市场地位、竞争优势以及未来成长潜力的综合考量。

1. 财务报表深度解读

估值分析的起点往往是对目标企业的财务报表进行深度解读。这包括利润表、资产负债表、现金流量表以及附注等各个部分。财务管理人员需要透过这些数字，理解企业的盈利模式是否可持续、成本结构是否合理、资产质量是否优良，以及现金流是否充沛。这些分析不仅要求财务管理人员具备扎实的财务知识，还需要他们对企业所处的行业和市场有深入的了解。

2. 财务估值方法运用

在理解了企业的基本面之后，财务管理人员需要运用各种财务估值方法，对目标企业的价值进行量化评估。这些方法包括市盈率法、市净率法、现金流折现法等。每种方法都有其适用的场景和局限性，财务管理人员需要根据具体情况灵活选择和应用。例如，对于处于成熟期的企业，市盈率法可能更为适用；而对于处于初创期或高成长期的企业，现金流折现法可能更能反映其真实价值。

3. 价值判断与决策支持

最终，财务管理人员需要将各种分析方法和结果进行综合，形成对目标企业价值的全面判断。这一判断不仅需要考虑企业当前的财务状况和市场地位，还需要考虑其未来的成长潜力和风险因素。基于这一价值判断，财务管理人员可以为企业的资本运作决策提供有力的支持，确保决策的科学性和合理性。

（二）交易结构设计：税务优化、支付方式选择

在资本运作中，交易结构的设计直接关系到交易的成败以及交易双方的利益。财务管理在这一环节中的作用主要体现在税务优化和支付方式选择两个方面。

1. 税务优化

税务成本是资本运作中不可忽视的一部分。财务管理人员需要充分利用税法规定和会计准则的灵活性，设计合理的交易结构以降低税务成本。这包括选择合适的交易主体、交易时机、交易方式等，以确保在合法合规的前提下最大化企业的税后收益。同时，财务管理人员还需要密切关注税法的变化和更新，及时调整交易结构以适应新的税务环境。

2. 支付方式的选择

支付方式的选择也是交易结构设计中的重要一环。财务管理人员需要根据企业的现金流状况、融资能力、市场环境以及交易对方的诉求等因素，综合考虑各种支付方式的优、缺点，选择最合适的支付方式。例如，在现金流充裕且市场环境稳定的情况下，现金支付可能是一个更好的选择；而在现金流紧张或市场环境不确定的情况下，股权支付或混合支付可能更为合适。

（三）融资安排：确定资金来源与成本

资本运作往往伴随着大量的资金需求，因此融资安排成为财务管理的另一项重要任务。在这一环节中，财务管理人员需要充分发挥其专业优势，为企业制订详细且可行的融资计划。

1. 资金来源确定

财务管理人员需要根据企业的融资需求、市场条件以及融资成本等因素，确定合适的资金来源。这些来源可能包括银行贷款、发行债券、股权融资、内部留存收益等。在选择资金来源时，财务管理人员需要综合考虑各种因素，如融资的难易程度、成本高低、期限长短以及对企业控制权的影响等。

2. 融资成本评估

确定了资金来源后，财务管理人员还需要对各种融资方式的成本进行评估和比较。这包括利息支出、手续费、发行费用等直接成本，以及可能因融资活动而产生的间接成本，如信用评级下降、股价波动等。通过全面评估各种融资方式的成本效益，财务管理人员可以为企业选择最经济、最高效的融资方式。

3. 融资活动合规性与风险控制

财务管理人员需要确保融资活动的合规性和风险控制。他们需要熟悉并遵守相关法律法规和监管要求，确保融资活动的合法合规。同时，他们还需要密切关注市场动态和风险因素，及时调整融资策略以降低潜在的风险损失。

（四）风险管理：识别、评估与应对财务风险

资本运作过程中伴随着各种财务风险，这些风险可能来自市场、信用、流动性等多个方面。财务管理在风险管理中发挥着核心作用，负责识别、评估并应对这些财务风险。

1. 风险识别

风险管理的第一步是识别潜在的财务风险源。财务管理人员需要通过对企业内外部环境的分析，识别出可能对企业产生不利影响的财务风险因素。这些

风险因素可能包括市场价格的波动、客户信用的恶化、资金流动性的紧张等。

2. 风险评估

识别出财务风险因素后，财务管理人员需要对这些风险进行评估，确定其对企业的影响程度和可能性。评估的方法可以包括定性分析和定量分析两种。定性分析主要依赖于财务管理人员的经验和判断，而定量分析则可以通过建立数学模型来量化风险的大小和概率。

3. 风险应对策略制定

根据风险评估的结果，财务管理人员需要制定相应的风险应对策略。这些策略可能包括风险规避、风险降低、风险转移和风险接受等。例如，对于高风险的投资项目，企业可以选择规避风险，放弃投资；对于中等风险的项目，企业可以通过购买保险或寻求合作伙伴来转移部分风险；对于低风险的项目，企业可以选择接受风险并采取相应的措施来降低其影响。

4. 风险管理体系与内部控制机制建设

为了确保风险管理的有效性和持续性，财务管理人员还需要帮助企业建立健全的风险管理体系和内部控制机制。这包括制定完善的风险管理制度和流程、建立风险预警和监控机制、加强内部审计和监督等。通过这些措施的实施，企业可以在资本运作过程中保持稳健的财务状况并降低风险损失。

二、财务管理与价值创造

（一）通过有效的财务管理提升企业价值

在现代企业运营中，财务管理已经超越了传统的会计和报表编制功能，成为了企业战略规划和价值创造的重要工具。有效的财务管理不仅能够确保企业的财务稳健，更能通过优化资源配置、降低运营风险、增强市场竞争力，显著提升企业的整体价值。

1. 优化资本结构与融资成本

资本结构决策是企业财务决策的核心之一。通过合理安排股权和债权的比例，企业可以实现资本成本的最小化。财务管理团队应综合考虑市场风险、税收因素以及投资者的期望回报率，选择对企业最为有利的融资方式和渠道。优化后的资本结构将有助于企业在降低财务风险的同时，提升盈利能力和市场价值。

2. 提高资产使用效率

资产使用效率直接影响到企业的盈利能力和市场地位。有效的财务管理包括定期评估企业资产的运作情况，发现并利用闲置资源，避免浪费。此外，财务管理还涉及合理规划企业的生产、销售、库存等环节，以确保资产在最短时间内转化为现金流，为企业创造更多的经济价值。

3. 加强内部控制与风险管理

健全的内部控制机制是企业稳定发展的基石。通过建立严格的审批流程、完善的信息报告系统和有效的内部监督机制，财务管理有助于企业降低舞弊风险，保护企业资产的安全完整。同时，面对外部经济环境的不断变化，财务管理还需要建立起一套完整的风险识别、评估和应对体系，以确保企业能够及时应对各种挑战，保持市场竞争力。

4. 制定合理的股利政策与股权激励计划

股利政策是连接企业与投资者之间的重要纽带。财务管理需要平衡企业的短期资金需求与长期发展目标，制定符合股东利益的股利政策。通过定期向股东支付现金股利或实施股票回购等措施，企业可以展示其良好的财务状况和未来发展前景，从而增强投资者的信心和忠诚度。此外，股权激励计划作为一种长期的激励机制，可以鼓励员工与企业共同成长，提升企业的整体价值和市场表现。

（二）财务策略与企业战略的协同作用

在日益复杂的商业环境中，企业战略与财务策略的协同作用愈发重要。企业战略为企业设定了长期的发展方向和目标，而财务策略则提供了实现这些目标所需的资金和资源支持。二者的紧密配合能够确保企业在市场竞争中保持领先地位并实现持续增长。

1. 战略导向的财务规划

企业财务规划的制定应紧密结合企业的发展战略。这要求财务管理团队深入了解企业的业务模式、市场竞争格局以及行业发展趋势，根据企业的战略目标制订相应的财务规划和预算。通过科学的预测和分析，财务管理可以确保企业在未来的发展中拥有充足的资金支持和合理的资源配置，为实现企业战略奠定坚实的物质基础。

2. 风险管理与战略实施

风险管理是企业战略实施过程中不可或缺的一环。财务管理在风险管理方面发挥着至关重要的作用。通过对市场风险、信用风险、流动性风险等各类财务风险进行全面评估和控制，财务管理可以帮助企业及时识别并应对潜在威胁，确保企业战略的平稳实施。同时，有效的风险管理还能降低企业的运营成本和市场波动对企业造成的不利影响，为企业创造更多的价值。

3. 资源配置与战略目标的实现

财务策略在资源配置方面具有关键作用。为了实现企业战略目标，财务管理需要根据战略规划合理分配人力、物力、财力等资源。这包括投资决策、资本支出计划、运营资金管理等多个方面。通过优化资源配置，财务管理可以确保企业的核心业务和关键项目得到充分支持，推动企业战略的快速实施和成果展现。

4. 财务策略与企业战略的动态调整

市场环境的不断变化要求企业战略和财务策略具备灵活性和适应性。财务管理需要密切关注市场动态和行业趋势，及时调整财务策略以适应企业战略的变化。同时，财务管理还应积极参与企业战略规划的修订和完善过程，提供财务数据分析和建议支持。通过这种动态调整和优化过程，企业战略与财务策略之间的协同作用将更加显著，共同推动企业价值的持续增长。

第三节　资本运作中的财务策略与技巧

一、尽职调查与财务评估

（一）尽职调查的流程与内容

尽职调查，作为资本运作中的一项关键活动，旨在为目标企业的收购、投资或合作提供全面、准确的信息支持。它涉及对目标企业深入细致的调查，以确保投资者或合作伙伴能够充分了解目标企业的真实状况，并基于这些信息做出明智的决策。尽职调查的流程和内容都至关重要，下面将详细阐述这两个方面。

1. 尽职调查的流程

（1）明确调查目标：在进行尽职调查之前，首先要明确调查的目标和范围。这包括确定调查的重点领域、关键信息以及期望通过调查解决的问题。明确的目标有助于指导整个调查过程，确保调查的有效性和有针对性。

（2）制订调查计划：根据调查目标，制订详细的调查计划。这包括确定调查的时间表、人员分工、调查方法以及所需收集的资料等。一个周密的调查计划可以确保调查的顺利进行，提高调查效率。

（3）实施现场调查：在调查计划制订完毕后，调查团队将前往目标企业进行现场调查。这一阶段包括与目标企业管理层、员工以及相关合作伙伴的沟通交流，收集企业运营、财务、法律等各方面的信息。现场调查是获取第一手资料的重要途径，对于全面了解目标企业具有重要意义。

（4）整理分析资料：在完成现场调查后，调查团队需要对收集到的资料进行整理和分析。这包括对财务报表的审查、对经营数据的分析、对法律合规性的评估等。通过深入的分析，可以揭示出目标企业的潜在风险和价值所在。

（5）撰写调查报告：最后，调查团队将根据整理和分析的结果撰写调查报告。报告应详细阐述目标企业的基本情况、历史沿革、股权结构、治理结构、经营状况、财务状况以及法律事务等方面的内容，并对目标企业的整体价值进行评估。调查报告是投资者或合作伙伴做出决策的重要依据。

2. 尽职调查的内容

尽职调查的内容涵盖了目标企业的多个方面，以确保投资者或合作伙伴能够全面了解目标企业的真实状况。具体来说，尽职调查的内容包括以下几个方面。

（1）基本情况与历史沿革：了解目标企业的成立背景、发展历程、主营业务以及市场地位等基本情况。这些信息有助于初步了解目标企业的整体状况和竞争优势。

（2）股权结构与治理结构：深入分析目标企业的股权结构、股东背景以及治理结构。这些信息对于评估目标企业的稳定性和未来发展潜力具有重要意义。同时，还需要关注目标企业是否存在股权纠纷或潜在的法律风险。

（3）经营状况与财务状况：详细审查目标企业的经营状况和财务状况。这包括对目标企业的收入、利润、成本等经营指标的分析，以及对资产负债表、利润表和现金流量表等财务报表的审查。通过这些信息，可以评估目标企业的盈利能力、偿债能力和运营效率。

（4）法律事务与合规性：对目标企业的法律事务和合规性进行全面调查。这包括了解目标企业是否存在未决诉讼、知识产权纠纷等法律问题，以及评估目标企业在税务、环保、劳动用工等方面的合规性。这些信息对于评估目标企业的法律风险和潜在负债至关重要。

（二）财务评估方法与技术

在资本运作中，财务评估是确定目标企业价值、制定交易策略以及进行风险管理的关键环节。通过运用科学的财务评估方法和技术，可以对目标企业的财务状况、经营绩效以及未来发展潜力进行全面、客观的分析和评价。下面将详细介绍几种常用的财务评估方法和技术。

1. 收益法

收益法是一种基于目标企业未来收益预测的财务评估方法。它通过对目标企业未来的现金流量进行预测，并采用适当的折现率将这些现金流量折现至当前时点，从而确定目标企业的价值。收益法的核心在于对未来收益的合理预测和折现率的确定。常用的收益法包括现金流折现法（DCF）和经济增加值法（EVA）等。这些方法在评估企业价值时具有较高的准确性和灵活性，但需要对未来市场环境、行业趋势以及企业经营策略有深入的了解和判断。

2. 市场法

市场法是一种基于市场比较原则的财务评估方法。它通过寻找与目标企业相似或可比的上市公司或交易案例，分析这些可比对象的市场价格、交易条件以及相关财务指标，从而估算出目标企业的价值。市场法的优点在于简单易行、数据易获取且具有一定的客观性。然而，市场法的应用受限于可比对象的选择和比较指标的合理性，因此在实际应用中需要谨慎选择可比对象和比较指标，以确保评估结果的准确性。

3. 资产基础法

资产基础法是一种基于目标企业资产负债表进行逐项评估的财务评估方法。它通过对目标企业的各项资产和负债进行详细的清查和评估，确定各项资产和负债的市场价值或公允价值，从而得出目标企业的整体价值。资产基础法的优点在于评估结果较为稳健、可靠，能够反映目标企业的实际资产状况。但是，资产基础法对于无形资产、商誉等难以量化的资产评估存在一定的局限性，因此在实际应用中需要结合其他评估方法进行综合评估。

在实际应用中，这些财务评估方法和技术往往需要结合使用，以得到更全面、准确的评估结果。例如，可以将收益法与市场法相结合，通过收益法预测目标企业未来的收益情况，并利用市场法寻找可比对象进行验证和调整，或者将资产基础法与收益法相结合，通过资产基础法确定目标企业的资产状况，再利用收益法对目标企业的未来收益进行预测和折现。这种综合运用的方式可以充分发挥各种评估方法的优势，提高评估结果的准确性和可靠性。

二、交易谈判与定价策略

（一）谈判技巧与策略

在资本运作中，交易谈判是一个高度复杂且至关重要的环节。它不仅涉及双方利益的分配，更是交易能否顺利达成的关键所在。因此，掌握谈判技巧和策略显得尤为重要。以下将从 3 个方面详细阐述谈判过程中的技巧与策略。

1. 深入了解对方的需求与利益诉求

在谈判开始前，对对方进行充分的了解是至关重要的。这包括对方的需求、利益诉求、底线以及可能的谈判策略等。通过深入了解对方，可以更加准确地把握对方的真实意图，从而为后续的谈判奠定坚实基础。在这一过程中，信息收集和分析能力显得尤为重要。通过各种渠道收集对方的相关信息，并结合实际情况进行分析，有助于更全面地了解对方，从而做到知己知彼。

2. 运用语言与沟通技巧

谈判过程是一个双方沟通交流的过程。因此，善于运用语言和沟通技巧对于谈判的成功至关重要。首先，要注意自己的措辞和表达方式，避免使用过于强硬或模糊的言辞。其次，要倾听对方的观点和诉求，给予对方充分的尊重和理解。最后，要灵活运用各种沟通技巧，如反问、引导、赞美等，以营造和谐的谈判氛围。在谈判中，语言不仅是传达信息的工具，更是表达态度、建立信任和达成共识的桥梁。因此，运用好语言与沟通技巧对于谈判的成功具有重要意义。

3. 坚持原则性与灵活性相结合

在谈判过程中，既要坚持自己的原则性和底线，又要保持一定的灵活性。这意味着在维护自身利益的同时，也要考虑对方的接受程度和合理诉求。为了实现这一目标，可以采取分步骤、分阶段谈判的方式，逐步达成共识。通过这种方式，可以在确保自身利益不受损害的前提下，为双方留下一定的回旋余地，从而实现互利共赢。此外，还可以运用利益捆绑、互惠互利等策略，进一步促进双方的合作与共赢。这些策略有助于打破谈判僵局，推动双方共同向更加广阔的合作领域迈进。

（二）定价方法与影响因素

定价作为交易谈判的核心问题之一，对于确保交易的公平性和维护双方的利益具有重要意义。在资本运作中，常见的定价方法主要包括市盈率法、市净率法、现金流折现法等。这些方法各有特点和使用场景，需要根据实际情况进行选择和运用。同时，定价过程中还受到多种因素的影响，如目标企业的基本情况、市场环境变化以及政策调整等。以下将对这些方法和影响因素进行详细阐述。

1. 市盈率法

市盈率法是一种常见的定价方法，主要通过计算目标企业的市盈率来确定其价值。市盈率是指企业股票价格与其每股收益之间的比率，反映了市场对企业盈利能力和成长性的认可程度。在运用市盈率法进行定价时，需要选择合适的参考市盈率，并结合目标企业的实际情况进行调整。这种方法的优点在于简单易行，能够直观地反映市场对企业价值的评估。但缺点也较为明显，如参考市盈率的选择存在主观性，且易受市场波动等因素的影响。

2. 市净率法

市净率法是通过计算目标企业的市净率来确定其价值的方法。市净率是指企业股票价格与其每股净资产之间的比率，反映了市场对企业资产质量和未来盈利能力的预期。在运用市净率法进行定价时，同样需要选择合适的参考市净率，并结合目标企业的实际情况进行调整。这种方法强调了企业资产的质量和未来盈利能力在定价中的重要性，但也存在一定的局限性，如无法充分反映企业的无形资产和品牌价值等。

3. 现金流折现法

现金流折现法是一种基于企业未来现金流量的预测进行折现以确定企业价值的方法。它通过预测目标企业未来的自由现金流量，并采用适当的折现率将其折现至当前时点，从而得到目标企业的内在价值。这种方法的优点在于考虑了企业的未来成长潜力和风险因素，能够更全面地评估企业的价值。但缺点也较为明显，如对未来现金流量的预测和折现率的选择存在较大的不确定性。

4. 影响定价的主要因素

除了定价方法外，定价过程中还受到多种因素的影响。首先是目标企业的基本情况，包括其盈利能力、成长性、行业地位以及竞争状况等。这些因素直接决定了企业的价值和市场对其的认可程度。其次是市场环境的变化，如宏观经济状况、行业动态、投资者情绪等。这些因素都会对定价产生影响，需要在定价过程中予以充分考虑。最后是政策调整因素，如政府对于相关行业的监管政策、税收优惠政策等。这些政策的变化可能会对定价产生重大影响，需要密切关注并及时调整定价策略。

在制定定价策略时，需要综合考虑上述因素，选择合适的定价方法并进行合理调整。同时，还需要与对方进行充分沟通和协商，以确保定价的合理性和公平性。最终达成的定价方案应该是双方都能接受并认可的结果。

三、融资策略与选择

（一）债务融资与股权融资的比较

在资本运作的广阔天地中，融资策略的选择关乎企业的资金命脉和发展方向。债务融资与股权融资作为两大主流融资方式，各自承载着不同的优、缺点，需要企业根据自身的实际情况和市场环境进行审慎抉择。

1. 债务融资的优势与风险

债务融资是企业通过借款或发行债券等方式筹集资金的行为。其优势在于融资成本相对较低，因为债务融资的利息支出通常可以在税前扣除，从而降低了企业的实际负担。此外，债务融资不会稀释原有股东的权益，保持了股权结构的稳定性。然而，债务融资也并非毫无风险。它增加了企业的财务风险，因为企业需要按期偿还本金和利息，一旦经营不善或市场环境变化，可能面临违约风险。同时，过高的债务比例也可能影响企业的信用评级和融资能力。

2. 股权融资的利弊权衡

股权融资则是企业通过发行股票等方式筹集资金的方式。与债务融资相比，股权融资的优势在于可以降低企业的财务风险，因为股权资金不需要偿还本金和利息，减轻了企业的财务压力。同时，股权融资还可以为企业引入战略投资者或合作伙伴，带来资金以外的资源支持。然而，股权融资也有其不足之处。首先，发行股票会稀释原有股东的权益，可能导致控制权旁落或股东利益受损。其次，股权融资的成本相对较高，因为企业需要支付股息和红利等回报给股东。此外，上市公司还需要承担信息披露、监管合规等额外成本。

3. 债务融资与股权融资的选择依据

在选择债务融资与股权融资时，企业需要综合考虑多方面的因素。首先，要根据自身的财务状况和偿债能力来确定合适的债务比例和股权结构。其次，要考虑市场环境的变化和政策调整对企业融资的影响。例如，在货币政策紧缩或信贷收紧的情况下，债务融资的难度和成本可能会上升；而在股市低迷或投资者信心不足的情况下，股权融资可能面临更大的挑战。最后，企业还需要关注自身的发展阶段和战略规划。对于初创期或成长期的企业来说，股权融资可能更为合适，因为可以引入外部资源和战略支持；而对于成熟期或稳定期的企业来说，债务融资可能更为稳健，因为可以利用财务杠杆效应提升股东回报。

（二）创新型融资方式：可转债、夹层融资等

随着金融市场的不断发展和创新，越来越多的创新型融资方式为企业提供了更多的选择空间。这些新型融资方式不仅丰富了企业的融资渠道，还有助于满足企业多样化的融资需求。

1. 可转债：灵活性与风险并存的融资工具

可转债是一种可以在特定条件下转换为股票的债券。它既具有债券的固定收益特性，又具有股票的潜在增值特性，因此被视为一种进可攻、退可守的投资工具。对于企业来说，发行可转债可以在保持较低融资成本的同时，吸引那些既追求稳定收益又希望分享企业成长红利的投资者。然而，可转债也存在一定的风险。例如，当股价大幅上涨时，投资者可能会选择将债券转换为股票以获取更高的收益，从而导致企业的股权被稀释；而当股价大幅下跌时，投资者可能会选择持有债券以获取固定收益，从而增加了企业的财务负担。因此，在发行可转债时，企业需要精心设计条款和条件，以平衡投资者利益和企业发展需求。

2. 夹层融资：介于债务与股权之间的灵活选择

夹层融资是一种介于债务和股权之间的融资方式。它通常具有较低的融资成本和较灵活的还款方式，可以满足企业在不同阶段和不同情况下的融资需求。夹层融资的提供者通常是专业的金融机构或私募股权基金等机构投资者。他们通过为企业提供资金支持来获取一定的收益回报，并可能在企业未来上市或出售时获得额外的资本增值收益。对于企业来说，夹层融资可以在不稀释股权的情况下获得较低成本的资金支持；同时，由于夹层融资的提供者通常具有丰富的行业经验和资源整合能力，他们还可以为企业提供战略建议和业务支持。然而，夹层融资也存在一定的风险和挑战。例如，企业需要承担一定的还款压力和财务约束；同时，与夹层融资提供者之间的合作关系也需要精心维护和管理。

3. 创新型融资方式的选择与应用策略

在选择创新型融资方式时，企业需要充分了解其特点、风险和适用范围，并结合自身情况进行决策。首先，企业要对自身的财务状况、偿债能力和发展规划进行全面评估，以确定合适的融资方式和融资规模。其次，企业要关注市场环境的变化和政策调整对创新型融资方式的影响。例如，在金融监管趋严或市场风险偏好下降的情况下，创新型融资方式的获取难度和成本可能会上升。最后，企业还需要与专业的金融机构或咨询机构进行合作，以获取专业的建议和支持。他们可以帮助企业设计合理的融资结构、优化融资条款、降低融资成本，并为企业提供持续的市场动态监测和风险管理服务。

四、风险管理与防控

（一）财务风险识别与评估

在资本运作的复杂环境中，财务风险如同隐形的暗礁，时刻威胁着企业的航行安全。因此，对财务风险的识别与评估成为企业稳健经营的关键环节。

1. 财务风险识别的重要性与方法

财务风险识别是风险管理的第一步，它要求企业通过系统的方法，全面、准确地识别和记录可能对其财务状况产生不利影响的因素。这一过程涉及对企业内外部环境的深入分析，包括市场趋势、竞争状况、政策变化、技术革新以及企业内部运营管理等多个方面。通过收集相关信息，并运用定性和定量分析工具，企业可以揭示出潜在的风险点，为后续的风险评估和应对提供基础。

在识别财务风险时，企业可以采用多种方法，如风险清单法、流程图法、历史事件分析法等。这些方法各有特点，可以相互补充，帮助企业更全面地识别风险。例如，风险清单法通过列举可能的风险事件和来源，帮助企业系统地识别风险；流程图法则通过绘制业务流程图，分析流程中的关键节点和潜在风险点；历史事件分析法则通过回顾过去发生的风险事件，总结经验教训，预测未来可能发生的风险。

2. 财务风险评估的框架与流程

财务风险评估是对识别出的风险进行量化和定性分析的过程，旨在评估风险对企业的影响程度和可能性。评估过程中，企业需要建立清晰的评估框架，明确评估的目标、范围和方法。同时，要遵循科学的评估流程，确保评估结果的准确性和可靠性。

在评估财务风险时，企业可以采用概率-影响矩阵、敏感性分析、蒙特卡洛模拟等方法。这些方法可以帮助企业对风险进行量化评估，确定风险的大小和优先级。此外，企业还可以邀请专家参与评估过程，利用他们的专业知识和经验对风险进行定性分析。

3. 财务风险识别与评估的实践应用

在实际操作中，企业应将财务风险识别与评估融入日常经营活动中。通过定期的风险审查和评估，企业可以及时发现新的风险点并调整风险管理策略。同时，企业还应建立风险报告制度，将风险评估结果定期向高层管理人员和董事会报告，确保他们对企业的风险状况有清晰的了解。

（二）风险应对策略与措施

在识别和评估财务风险后，企业需要制定有针对性的风险应对策略和措施，以降低风险的发生概率和影响程度。以下将从 3 个方面详细阐述风险应对策略与措施。

1. 风险规避策略

风险规避是指企业主动放弃或退出可能带来财务风险的活动或项目。这种策略适用于那些风险过大、超出企业承受能力或与企业战略目标不符的项目。通过规避风险，企业可以避免潜在的损失和不利影响。然而，风险规避也可能导致企业错失一些有潜力的机会。因此，在做出决策时，企业需要权衡利弊，确保决策符合企业的长期发展目标。

2. 风险降低策略

风险降低是指企业采取措施来减少财务风险的发生概率或影响程度。这通常涉及改进内部控制、加强财务管理和信息披露、提高员工风险意识等方面。通过完善内部控制体系，企业可以确保财务信息的准确性和可靠性，及时发现和纠正潜在的错误和舞弊行为。加强财务管理和信息披露则有助于企业更好地了解自身的财务状况和风险状况，从而做出更明智的决策。此外，提高员工风险意识也是降低财务风险的重要途径，因为员工是企业日常运营的直接参与者，他们的行为和决策都会对企业的财务状况产生影响。

3. 风险转移与风险承受策略

除了规避和降低风险外，企业还可以考虑将部分财务风险转移给其他实体或选择承受一定水平的风险。风险转移通常通过购买保险、签订合同或与其他实体合作等方式实现。例如，企业可以购买财产保险来转移因自然灾害等不可抗力事件导致的财产损失风险；通过与其他实体签订合同来明确责任划分和风险分担；或者与合作伙伴共同投资项目以分散投资风险。然而，需要注意的是，风险转移并不意味着企业可以完全摆脱风险，而是将部分风险转移给其他实体承担。因此，在选择风险转移策略时，企业需要仔细评估转移成本和收益以及对方实体的信誉和实力等因素。

风险承受则是指企业在权衡利弊后决定接受一定水平的风险。这种策略适用于那些无法完全规避或降低且转移成本过高的风险。在选择风险承受策略时，企业需要评估自身的风险承受能力和风险偏好，确保所承受的风险在可承受范围内且符合企业的战略目标和发展规划。同时，企业还需要建立风险储备金或制定应急预案等措施来应对可能发生的风险事件带来的损失和影响。

第四节 案例分析：成功企业的财务管理与资本运作实践

一、案例选择与背景介绍

（一）选取典型成功企业案例

在浩如烟海的企业群体中，挑选出那些具有代表性且取得显著成功的企业进行深入分析，对于理解财务管理与资本运作的实践策略具有不可估量的价值。华为技术有限公司（以下简称"华为"）便是这样一个典型的案例。它不仅在中国市场上独树一帜，更在全球范围内赢得了广泛的认可和赞誉。华为的成功并非偶然，而是其独特的财务管理实践和资本运作策略共同作用的结果。因此，通过剖析华为的案例，我们可以为其他企业提供宝贵的经验和启示。

1. 华为的市场地位与影响力

华为作为全球领先的信息与通信技术（ICT）解决方案供应商，其产品和服务已经渗透到全球 170 多个国家和地区，为数十亿用户提供服务。在通信设备、智能手机、网络设备等多个领域，华为都占据了重要的市场份额。这种广泛的市场覆盖和深厚的用户基础，使得华为在全球 ICT 产业中具有举足轻重的地位。同时，华为的创新能力和技术实力也得到了业界的广泛认可，成为全球科技创新的重要推动者之一。

2. 华为的财务管理实践

华为的财务管理实践是其成功的重要支撑之一。华为注重财务管理的规范化和精细化，通过建立完善的财务管理体系和内部控制制度，确保财务信息的准确性和透明度。同时，华为还注重财务风险管理，通过多元化的投资策略和严谨的财务规划，降低企业的财务风险。此外，华为还注重财务与业务的深度融合，通过业财一体化的管理模式，实现财务对业务的全面支持和引导。这些实践不仅提升了华为的财务管理水平，也为企业的稳健发展提供了有力保障。

3. 华为的资本运作策略

华为的资本运作策略也是其成功的重要因素之一。华为注重资本运作的长期性和战略性，通过合理的融资策略和投资规划，为企业的持续发展提供资金保障。同时，华为还注重资本运作的多元化和国际化，通过在全球范围内配置资源和拓展市场，降低企业的运营风险并提升整体竞争力。此外，华为还注重资本运作与产业发展的深度融合，通过投资并购、产业链整合等方式，不断拓展和完善企业的业务布局和产业链结构。这些策略不仅提升了华为的资本运作效率，也为企业的快速发展提供了强大动力。

（二）企业背景与发展历程概述

华为技术有限公司，自 1987 年诞生至今，已走过了三十多年的辉煌历程。从一家专注于通信设备研发和销售的小型企业，逐步成长为全球 ICT 产业的佼佼者，华为的发展历程堪称一部科技企业的传奇史诗。

1. 创立初期与初步发展

在创立初期，华为凭借对通信技术的深刻理解和不懈追求，成功研发出一系列具有自主知识产权的通信设备。这些设备不仅填补了国内市场的空白，也为华为赢得了宝贵的市场份额和客户认可。随着业务的不断拓展和技术的持续创新，华为逐渐在国内通信设备市场上崭露头角。

2. 国际化拓展与全球布局

进入 21 世纪后，华为开始将目光投向国际市场。凭借卓越的产品性能和服务质量，华为迅速在海外市场站稳脚跟，并逐渐扩大市场份额。同时，华为还积极参与国际标准的制定和合作项目的开展，与全球众多知名企业和研究机构建立了紧密的合作关系。这些举措不仅提升了华为的国际影响力，也为其后续的全球布局奠定了坚实基础。

3. 持续创新与技术领先

创新是华为发展的核心驱动力。多年来，华为始终坚持高比例的研发投入，致力于在通信技术、人工智能、云计算等领域取得突破。通过持续的技术创新和产品迭代，华为不仅保持了在行业内的技术领先地位，也为全球用户带来了更加便捷、高效和智能的通信体验。

4. 多元化发展与产业整合

在巩固通信设备市场地位的同时，华为还积极拓展业务领域，向智能手机、网络设备、云计算等多个领域延伸。通过多元化的发展战略和产业整合措施，华为成功构建了一个庞大的产业生态系统，实现了从单一通信设备供应商向综合 ICT 解决方案供应商的转型。

5. 财务管理与资本运作的卓越表现

在财务管理方面，华为始终坚持规范运作和透明披露的原则。通过建立完善的财务管理体系和内部控制机制，华为确保了财务信息的准确性和可靠性。同时，华为还注重资本运作的效率和风险管控，通过合理的融资策略和投资规划为企业发展提供了稳定的资金支持。这些举措不仅提升了华为的财务管理水平，也为企业的持续健康发展提供了有力保障。

二、财务管理实践分析

（一）资金管理、成本管理与收益管理的具体做法

在财务管理实践中，资金管理、成本管理和收益管理是构成企业财务健康

三角的重要支柱。华为在这 3 方面的具体做法，不仅体现了其财务管理的精细化和规范化，也为企业的稳健发展提供了有力保障。

1. 资金管理

资金是企业的血液，其流动性和安全性直接关系到企业的生死存亡。华为在资金管理上采取了多种措施，确保企业资金的安全运转和高效使用。

（1）安全性管理：华为建立了完善的资金管理体系，通过设立专门的资金管理部门和制定严格的资金管理制度，确保企业资金的安全。同时，华为还注重资金的风险控制，通过建立风险评估机制和应急预案，及时发现和应对潜在的资金风险。

（2）流动性管理：华为注重资金的流动性管理，通过优化资金结构、提高资金周转速度等措施，确保企业资金的及时供应和合理使用。此外，华为还积极拓展融资渠道，与多家金融机构建立合作关系，为企业发展提供稳定的资金来源。

（3）融资成本降低：为了降低融资成本，华为不仅注重维护良好的信用记录，还通过发行债券、股权融资等多种方式筹集资金。这些举措不仅降低了企业的融资成本，也提高了企业的融资效率。

2. 成本管理

成本是企业盈利的重要因素之一。华为在成本管理上实行精细化管理，通过多个环节的控制和优化，有效降低产品成本和提高企业竞争力。

（1）优化产品设计和生产流程：华为注重产品设计和生产流程的优化，通过引入先进的技术和设备、提高生产效率等措施，降低单位产品的生产成本。同时，华为还注重产品的质量控制和售后服务，确保产品在市场上的竞争力。

（2）降低原材料采购成本：华为通过与供应商建立长期合作关系、实行集中采购等方式，降低原材料的采购成本。此外，华为还注重原材料的库存管理，通过合理的库存控制和调度安排，降低库存成本和资金占用。

（3）成本控制与预算管理结合：华为将成本控制与预算管理紧密结合，通过制定详细的预算计划和成本控制目标，确保企业成本控制在合理范围内。同时，华为还注重成本分析和考核机制的建立，及时发现和解决成本控制中的问题。

3. 收益管理

收益是企业经营的最终目标之一。华为在收益管理上注重市场营销、业务拓展和激励机制的完善，以提高企业的盈利能力和市场竞争力。

（1）加强市场营销：华为注重市场营销的投入和管理，通过加大广告宣传力度、提高品牌知名度等措施，增加企业在市场上的份额和影响力。同时，华为还注重客户关系的维护和管理，提高客户满意度和忠诚度。

（2）拓展业务领域：为了增加企业收入来源，华为积极拓展业务领域，向新的市场和业务领域延伸。通过多元化的发展战略和产业整合措施，华为成功构建了庞大的产业生态系统，实现了从单一通信设备供应商向综合 ICT 解决方案供应商的转型。

（3）收益分配与激励机制完善：华为注重收益分配与激励机制的完善，通过制定合理的薪酬制度、股权激励计划等措施，激发员工的积极性和创造力。这些举措不仅提高了员工的工作满意度和忠诚度，也为企业的持续发展提供了人才保障。

（二）财务分析在决策中的应用

财务分析是企业财务管理的重要组成部分，其通过对企业财务数据的收集、整理和分析，揭示出企业的财务状况、经营成果和现金流情况。华为高度重视财务分析在决策中的应用，将其作为企业战略决策和日常经营管理的重要依据。

1. 财务报表编制与解读

华为定期编制财务报表，包括资产负债表、利润表和现金流量表等。这些报表不仅反映了企业的财务状况和经营成果，还为企业的决策提供了重要信息。通过对财务报表的解读和分析，华为能够及时了解企业的资产结构、负债状况、盈利能力以及现金流量情况等信息，为企业的战略决策和日常经营管理提供有力支持。

2. 财务指标分析与运用

除了编制财务报表外，华为还注重财务指标的分析和运用。通过计算和分析各种财务指标，如流动比率、速动比率、资产负债率、毛利率等，华为能够更深入地了解企业的财务状况和经营成果。这些指标不仅帮助华为识别潜在的风险和机会，还为企业制订合理的发展规划和财务策略提供了重要依据。

3. 预测与决策支持

财务分析在华为的预测和决策中也发挥着重要作用。通过对历史财务数据的分析和对未来市场趋势的预测，华为能够制订更加合理和可行的战略规划。同时，在决策过程中，财务分析结果也为华为提供了重要参考依据，帮助企业在复杂的市场环境中做出正确决策。

4. 风险识别与防范

财务分析还是华为风险识别和防范的重要手段之一。通过对财务数据的深入挖掘和分析，华为能够及时发现潜在的风险因素并采取相应的防范措施。这不仅降低了企业的财务风险，也为企业的稳健发展提供了有力保障。

三、资本运作实践分析

（一）资本运作案例描述：兼并、收购等交易过程

华为作为全球领先的 ICT 解决方案供应商，其资本运作实践堪称行业典范。通过兼并、收购等资本运作手段，华为不仅实现了企业的快速扩张，还成功整合了行业资源，提升了自身的技术实力和市场竞争力。以下将详细描述华为在资本运作方面的几个典型案例。

1. 收购 3Com 公司

3Com 公司是一家全球知名的网络设备供应商，拥有先进的技术和广泛的市场渠道。华为看中了 3Com 的技术实力和市场影响力，决定对其进行收购。经过多轮谈判和协商，华为最终成功收购了 3Com 公司的部分股权，并成为其重要的战略合作伙伴。这次收购不仅增强了华为在网络设备领域的实力，还为其进军国际市场提供了有力支持。

2. 与 Symantec 成立合资公司

Symantec 是全球领先的信息安全解决方案提供商，拥有强大的技术研发能力和广泛的市场覆盖。为了提升自身在信息安全领域的实力，华为选择与Symantec 合作，共同成立了一家合资公司。通过这次合作，华为不仅获得了

Symantec 的技术支持，还拓展了其在信息安全市场的份额。这次资本运作对于华为来说是一次重要的战略转型，使其从单一的通信设备供应商逐渐转变为综合 ICT 解决方案供应商。

3. 其他兼并收购案例

除了上述两个典型案例外，华为还进行了多次其他类型的兼并收购交易。这些交易涉及不同的业务领域和市场区域，旨在进一步提升华为的技术实力、市场影响力和业务多元化水平。通过这些兼并收购交易，华为成功整合了行业资源，提升了自身的综合竞争力。

在兼并收购过程中，华为注重交易结构的优化和风险控制。为了确保交易的成功实施和企业的稳健发展，华为通常会聘请专业的财务顾问和律师团队进行尽职调查、交易谈判和合同签署等工作。同时，华为还注重与目标企业的文化融合和人员整合，以确保收购企业与原有业务的有机融合和共同发展。

（二）财务策略在资本运作中的应用与效果

在资本运作过程中，财务策略的运用和优化对于交易的成功与否至关重要。华为在资本运作中注重财务策略的应用与效果，通过制定合理的融资策略、估值方法和支付方式等财务策略，成功实现了多次资本运作交易。

1. 融资策略的应用与效果

在进行资本运作时，融资策略的选择对于交易的成功实施和企业的稳健发展具有重要意义。华为根据自身的财务状况和市场环境，灵活选择不同的融资方式，如股权融资、债务融资等。通过合理的融资策略安排，华为不仅确保了交易所需的资金来源，还降低了融资成本和时间成本。同时，华为还注重与金融机构的长期合作关系建设，为未来的资本运作提供了稳定的资金保障。

2. 估值方法的应用与效果

在资本运作过程中，对目标企业进行准确估值是确保交易公平性和合理性的关键。华为在估值过程中注重采用多种估值方法相结合的方式进行综合评估，如市盈率法、市净率法、现金流折现法等。通过这些估值方法的应用，华为能够更准确地评估目标企业的价值和潜在风险，为交易谈判和决策提供依据。同时，华为还注重与目标企业的沟通协商，确保估值结果的合理性和可接受性。

3. 支付方式的选择与优化

支付方式的选择对于资本运作交易的效率和成功率具有重要影响。华为在支付方式上注重灵活性和多样性，根据交易的具体情况和自身财务状况选择合适的支付方式，如现金支付、股权支付等。通过支付方式的优化选择，华为不仅降低了交易成本和时间成本，还提高了交易的效率和成功率。同时，华为还注重支付安排的合理性和可行性，确保交易双方的利益得到保障。

四、启示与借鉴

（一）提炼成功案例中的经验与教训

华为的资本运作和财务管理实践为企业界提供了丰富的经验和深刻的教训。通过对华为案例的深入研究，我们可以提炼出以下几个方面的核心经验与教训。

1. 财务管理与资本运作紧密结合的重要性

华为的成功在很大程度上得益于其将财务管理与资本运作紧密结合的战略。通过精细化的财务管理，华为能够准确掌握自身的财务状况和经营成果，为资本运作提供有力的数据支持。同时，华为在资本运作过程中注重财务策略的运用和优化，确保交易的成功实施和企业的稳健发展。这种紧密结合的模式使得华为能够在复杂的市场环境中做出快速、准确的决策，抓住机遇，实现企业的快速扩张和资源整合。

这一经验对于其他企业而言具有重要的借鉴意义。在当今竞争激烈的市场环境中，企业要想实现成功，必须注重财务管理和资本运作的紧密结合。通过加强财务管理，企业可以更加清晰地了解自身的财务状况和经营成果，为资本运作提供有力的数据支持。同时，通过合理的资本运作，企业可以实现资源的优化配置和业务的快速发展，提升市场竞争力。

2. 精细化管理与风险控制的关键作用

华为在财务管理和资本运作过程中注重精细化管理和风险控制。通过引入先进的管理理念和技术手段，华为建立了完善的财务管理体系和风险控制机制，确保企业资金的安全运转和高效使用。同时，在资本运作过程中，华为注重交易结构的优化和风险控制策略的制定，降低交易成本和风险。

精细化管理和风险控制是企业稳健发展的关键。在财务管理方面，精细化管理可以确保企业财务数据的准确性和真实性，为企业决策提供有力支持。在资本运作方面，风险控制可以降低交易风险和成本，提高交易的成功率和效益。因此，其他企业应该学习和借鉴华为在这方面的成功经验，加强自身的精细化管理和风险控制能力。

3. 创新驱动与人才培养的持续推动力

华为始终坚持以创新驱动为核心的发展战略，注重技术创新和产品研发的投入和管理。通过持续的创新驱动和人才培养投入，华为不仅提升了自身的技术实力和市场竞争力，还为企业持续发展提供了源源不断的动力。这种持续推动创新的精神是华为成功的重要支柱之一。

创新驱动和人才培养对于企业的长期发展具有重要意义。在快速变化的市场环境中，企业要想保持竞争力并实现持续发展，必须注重创新能力的培养和提升。通过加强技术创新和产品研发的投入和管理，企业可以不断推出具有市场竞争力的新产品和服务，满足客户的需求并赢得市场份额。同时，通过人才培养和激励机制的建立和完善，企业可以吸引和留住优秀的人才，为企业的发展提供有力的人才保障。

然而，我们也应看到华为在发展过程中面临的挑战和困难。国际政治经济环境的变化、市场竞争的加剧以及技术革新的快速推进等因素都可能对企业的发展产生不利影响。因此，华为需要不断加强自身能力建设、提高风险防范意识并积极应对外部挑战和困难。

（二）对其他企业的启示与借鉴意义

华为的成功经验对其他企业具有重要的启示和借鉴意义。通过学习华为在财务管理、资本运作以及创新驱动等方面的成功实践，其他企业可以不断提升自身的竞争力和市场地位。具体来说，以下几点值得其他企业特别关注和借鉴。

1. 建立健全财务管理体系

财务管理是企业管理的核心环节之一。其他企业应该学习华为建立精细化财务管理体系的经验，完善自身的财务制度和管理流程。通过建立健全的财务管理体系，企业可以更加清晰地了解自身的财务状况和经营成果，为决策提供有力的数据支持。同时，财务管理体系的完善还有助于提高企业的风险防范能力和市场竞争力。

2. 审慎决策与风险控制

在资本运作过程中，其他企业应该学习华为审慎决策和风险控制的经验。在进行兼并、收购等资本运作时，要充分考虑交易结构、估值方法以及支付方式等关键因素，制定合理的交易策略和风险控制措施。同时，在交易完成后要注重资源整合和协同效应的发挥，确保收购企业与原有业务的有机融合和共同发展。

3. 持续优化与创新驱动

创新是企业持续发展的重要驱动力。其他企业应该学习华为持续优化与创新驱动的经验，不断推进技术创新和产品研发的投入和管理。通过引入先进技术和管理理念，优化产品设计和生产流程，提高生产效率和质量水平。同时，要注重创新人才的培养和激励机制的建立，为企业的创新发展提供有力的人才保障。

4. 注重人才培养与激励

人才是企业的核心竞争力之一。华为注重人才培养与激励的做法值得其他企业借鉴。通过建立健全的人才培养和激励机制，企业可以吸引和留住优秀的人才，提高员工的工作满意度和忠诚度。同时，人才培养还有助于提升企业的整体素质和竞争力水平。

第三章 企业投融资决策与资本运作

第一节 投资决策的流程与方法

一、投资决策的重要性与目标

(一)投资决策对企业发展的意义

投资决策是企业发展的关键环节,它不仅关系着企业的资金配置,还直接影响企业的战略规划、市场竞争力和未来发展前景。在现代市场经济环境下,投资决策的正确与否,往往决定了企业的兴衰成败。以下将从几个方面详细阐述投资决策对企业发展的重要意义。

(1)资金高效利用:企业的资金是有限的资源,如何合理有效地利用这些资金,实现最大的经济效益,是投资决策的首要任务。通过科学的投资决策流程,企业能够筛选出最具潜力和盈利能力的投资项目,避免资金的浪费和低效使用。

(2)推动战略实现:企业的投资决策必须与企业的长期战略规划相契合。通过有针对性的投资,企业可以加强核心业务,拓展新市场,获取关键技术,从而实现战略目标。反之,错误的投资决策可能导致企业偏离发展方向,丧失竞争优势。

(3)增强市场竞争力:在竞争激烈的市场环境中,投资决策是企业获取和保持竞争优势的重要手段。通过对新产品、新技术、新市场的投资,企业可以不断提升产品质量和服务水平,满足客户需求,从而在市场中占据有利地位。

(4)培养企业成长潜力:投资决策不仅关注当前的盈利能力,更着眼于未来的成长潜力。通过投资具有成长性的项目和领域,企业可以培育新的增长点,为未来的发展奠定坚实基础。

（5）风险管理与控制：投资决策过程中必须充分考虑风险因素。科学的投资决策能够识别并评估潜在风险，制定相应的风险控制措施，从而确保企业投资的安全性和稳健性。

（二）设定明确的投资目标与策略

设定明确的投资目标与策略是企业投资决策过程中的核心任务。清晰的投资目标能够指导企业在纷繁复杂的投资机会中做出明智的选择，而合理的投资策略则有助于企业高效地配置资源、控制风险并实现预期收益。以下将从投资目标与投资策略 2 个方面进行深入分析。

1. 投资目标的设定

（1）收益目标：企业投资的首要目标是实现盈利。因此，在设定投资目标时，企业必须明确预期的投资收益率和回报期限。这有助于企业在评估投资项目时，对其潜在收益进行准确衡量，确保投资决策与企业的盈利目标相一致。

（2）市场目标：除了收益目标外，企业还应关注投资在市场中的定位和影响。通过投资，企业可能希望扩大市场份额、提升品牌形象或增强与合作伙伴的关系。这些市场目标将有助于企业在竞争中获得更大的优势。

（3）技术目标：对于技术密集型企业而言，获取先进技术和创新能力是投资的重要目标。通过投资研发项目、购买知识产权或与技术领先者合作，企业可以加速技术升级和产品创新，从而提升核心竞争力。

（4）风险目标：在设定投资目标时，企业还应充分考虑风险因素。明确的风险目标有助于企业在投资决策过程中平衡收益与风险，选择合适的风险水平进行投资。

2. 投资策略的制定

（1）多元化投资策略：多元化投资策略是企业降低投资风险、实现稳健收益的重要手段。通过将投资分散到不同的行业、地区或资产类别中，企业可以降低单一投资失败对整个投资组合的冲击，提高整体的风险抵御能力。

（2）阶段性投资策略：阶段性投资策略要求企业根据市场环境和企业自身情况的变化，灵活调整投资计划和资金配置。这有助于企业在不同的市场周期中把握投资机会，实现长期稳定的收益增长。

（3）协同投资策略：协同投资策略强调企业在进行投资决策时，应充分考虑投资项目与企业现有业务之间的协同效应。通过选择与企业核心业务相关或具有互补性的投资项目，企业可以实现资源共享、优势互补，从而提高整体的经营效率和盈利能力。

（4）动态调整策略：市场环境和企业内部条件的变化可能导致原有的投资策略不再适用。因此，企业应定期评估投资组合的表现和市场环境的变化，及时调整投资策略以适应新的形势。这有助于确保企业的投资决策始终保持灵活性和前瞻性。

二、投资决策的流程

（一）项目筛选与初步评估

投资决策的首要环节是进行项目筛选与初步评估。这一步骤对于确保企业资源的有效利用和降低投资风险至关重要。在项目筛选过程中，企业需要广泛搜集潜在的投资机会，并根据自身的战略目标和投资标准对这些机会进行初步评估。

（1）项目来源与搜集：企业可以通过多种渠道获取潜在的投资项目信息，如市场调研、行业分析、合作伙伴推荐等。这些项目应涵盖不同的行业、地区和业务领域，以确保企业拥有多样化的投资选择。

（2）初步筛选标准：在初步评估阶段，企业应建立一套明确的筛选标准，如市场规模、增长潜力、技术可行性、竞争状况等。这些标准应有助于企业快速识别出符合其战略目标和投资要求的潜在项目。

（3）初步财务分析：对于筛选出的潜在项目，企业应进行初步的财务分析，包括评估项目的预期收益、成本、现金流等。这有助于企业对项目的盈利能力和投资回报形成一个初步的认识。

（4）风险评估与排序：除了财务分析外，企业还应对潜在项目的风险进行评估和排序。这包括市场风险、技术风险、管理风险等。通过风险评估，企业可以了解每个项目的风险水平，并为后续的投资决策提供依据。

（二）详细尽职调查与深入分析

经过初步评估筛选出的潜在投资项目，需要进入详细尽职调查与深入分析的阶段。这一阶段的目标是全面深入地了解项目的实际情况，为投资决策提供充分的信息支持。

（1）尽职调查的内容：尽职调查应涵盖项目的各个方面，包括市场状况、技术可行性、管理团队、财务状况、法律风险等。企业需要派遣专业的团队或委托第三方机构进行实地调查和资料收集。

（2）深入分析的方法：在尽职调查的基础上，企业应对收集到的信息进行深入分析。这包括使用 SWOT 分析评估项目的优势、劣势、机会和威胁，运用财务模型进行详细的收益预测和风险评估等。

（3）验证与核实：在分析过程中，企业需要对尽职调查的结果进行验证和核实，以确保信息的准确性和可靠性。这可能需要与项目方进行多轮沟通，或寻求外部专家的意见。

（4）形成投资建议书：根据尽职调查和深入分析的结果，企业应形成一份详细的投资建议书。这份建议书应全面阐述项目的投资价值、潜在风险、预期收益以及推荐的投资策略和条件。

（三）投资方案设计与评估

在详细尽职调查与深入分析的基础上，企业需要设计具体的投资方案，并对其进行评估。投资方案的设计应充分考虑企业的战略目标、财务状况、风险承受能力以及市场环境等因素。

（1）投资结构设计：企业应根据项目的特点和需求，设计合理的投资结构。这包括确定投资金额、股权比例、投资方式（现金、资产、技术等）、退出机制等。

（2）风险评估与管理：在投资方案设计中，企业应充分考虑潜在的风险因素，并制定相应的风险管理措施。这包括市场风险、技术风险、管理风险等。企业需要评估这些风险对投资项目的影响，并制定相应的应对策略。

（3）财务预测与收益分析：企业应对投资方案进行详细的财务预测和收益分析。这包括预测项目的未来现金流、利润率、投资回收期等。通过这些分析，企业可以评估投资方案的盈利能力和可行性。

（4）方案评估与优化：在投资方案设计完成后，企业应对其进行评估和优化。这包括对比不同方案的优劣、分析方案的敏感性和可行性等。通过评估和优化，企业可以选择最佳的投资方案。

（四）决策审批与实施

经过投资方案的设计与评估后，企业需要进入决策审批与实施的阶段。这一阶段的目标是确保投资决策的科学性和有效性，以及投资活动的顺利实施。

（1）决策审批流程：企业应建立一套完善的决策审批流程，包括提交投资建议书、审议投资方案、评估风险与收益、做出决策等步骤。这一流程应确保决策的全面性和客观性，避免主观臆断和盲目投资。

（2）决策依据与标准：在决策审批过程中，企业应明确决策的依据和标准。这包括企业的战略目标、财务状况、风险承受能力以及市场环境等因素。企业需要确保投资决策符合这些依据和标准，以实现投资的价值最大化。

（3）实施计划与安排：一旦投资决策获得批准，企业需要制订详细的实施计划和安排。这包括资金筹措、合同签订、股权交割、后续管理等方面的工作。企业需要确保实施计划的合理性和可行性，以保障投资活动的顺利进行。

（4）沟通与协调：在投资决策实施过程中，企业需要与项目方、合作伙伴、政府部门等进行充分的沟通与协调。这有助于解决实施过程中的问题和困难，确保投资活动的顺利进行。

（五）投资后管理与绩效评估

投资决策的最后一个环节是投资后管理与绩效评估。这一阶段的目标是确保投资项目的稳健运营和持续发展，以及评估投资活动的实际效果。

（1）投后管理的内容：投后管理应涵盖项目的各个方面，包括运营管理、财务管理、风险管理等。企业需要定期收集和分析项目的运营数据，了解项目的实际情况，及时发现问题并采取相应的解决措施。

（2）绩效评估的方法：企业需要建立一套科学的绩效评估体系，对投资项目的运营成果进行全面的评估。这包括财务指标（收入、利润、现金流等）、非财务指标（市场份额、客户满意度等）以及投资回报率等。通过绩效评估，企业可以了解投资项目的实际效益，为未来的投资决策提供参考。

（3）持续改进与优化：在投后管理与绩效评估的过程中，企业需要不断总结经验教训，发现存在的问题和不足，并制定相应的改进措施。这有助于企业优化投资决策流程，提高投资活动的效率和效果。

（4）退出机制与策略：除了日常的投后管理和绩效评估外，企业还需要考虑投资项目的退出问题。这包括制定退出机制、选择合适的退出时机和方式等。通过合理的退出策略，企业可以实现投资价值的最大化并回收资金用于未来的投资活动。

三、投资决策的方法

（一）财务分析

财务分析是投资决策中最为基础和核心的分析方法之一，它通过对项目的财务数据进行量化评估，帮助决策者判断项目的盈利能力和财务可行性。在财务分析中，常用的指标包括净现值（NPV）、内部收益率（IRR）和回收期（Payback Period）等。

（1）净现值（NPV）：净现值是指项目在未来各期净现金流量的现值之和与初始投资额之差。如果 NPV 大于零，说明项目的收益超过了成本，因此是值得投资的。NPV 的优点是考虑了资金的时间价值，能够准确反映项目的真实收益。但是，NPV 的计算依赖于对未来现金流量的预测，因此存在一定的不确定性。

（2）内部收益率（IRR）：内部收益率是指使项目净现值等于零的折现率。IRR 反映了项目的内在盈利能力，即项目本身的收益率。如果 IRR 高于企业的资本成本或期望收益率，则项目是可行的。IRR 的优点是不受现金流量时间分布的影响，但同样依赖于对未来现金流量的预测。

（3）回收期（Payback Period）：回收期是指从项目投资之日起，用项目各年的净收入将全部投资收回所需的期限。回收期越短，表明项目投资风险越小，资本周转速度越快。但是，回收期只考虑了投资回收的速度，而忽略了回收期后的现金流量和项目的整体盈利能力。

（二）风险评估与管理

在投资决策过程中，风险评估与管理是不可或缺的一环。通过对项目潜在风险进行识别、量化和应对，可以降低投资风险并提高决策的科学性。常用的风险评估与管理方法包括敏感性分析和决策树分析等。

（1）敏感性分析：敏感性分析是通过研究项目主要因素发生变化时对经济评价指标的影响程度，从而确定项目对经济指标变化的敏感因素和不敏感因素。通过敏感性分析，可以找出影响项目效益的关键因素，为风险管理和决策提供依据。

（2）决策树分析：决策树分析是一种直观运用概率分析的图解法，通过构造决策树来求解各方案的期望值并以此判断其可行性。决策树分析可以帮助决策者在不同风险情况下选择最优方案，并明确各种可能结果的概率分布。但是，决策树分析需要准确估计各种可能结果的概率和收益值，这在实际操作中可能存在一定的困难。

（三）实物期权分析

实物期权分析是一种将金融期权理论应用于实物投资决策的方法。它考虑了投资决策过程中的灵活性和不确定性，为决策者提供了更多的选择和机会。实物期权包括扩展期权、放弃期权和延迟期权等。

（1）扩展期权：当项目前景看好时，企业可以选择扩大投资规模以获取更多收益。这种选择权类似于金融期权中的看涨期权，其价值取决于项目未来现金流量的增长潜力。

（2）放弃期权：当项目前景不佳时，企业可以选择放弃该项目以避免进一步损失。这种选择权类似于金融期权中的看跌期权，其价值取决于项目未来现金流量的减少程度。

（3）延迟期权：当企业面临不确定性时，可以选择延迟投资决策以等待更多信息或市场变化。这种选择权允许企业在更有利的时机进行投资，从而降低风险并提高收益。

（四）多准则决策分析

多准则决策分析是一种综合考虑多个决策因素（财务、战略、风险等）以选出最优方案的方法。在实际投资决策中，往往需要考虑多个相互矛盾或关联的因素，因此多准则决策分析具有广泛的应用价值。

（1）多属性效用理论（MAUT）：MAUT 是一种常用的多准则决策分析方法，它通过构建效用函数来评估各个方案在不同属性上的表现，并根据决策者的偏好进行权重分配和方案排序。MAUT 可以帮助决策者综合考虑多个因素并找出最优方案。

（2）层次分析法（AHP）：AHP 是一种将复杂问题分解为多个层次和因素进行分析的方法。通过构建判断矩阵和计算权重向量，AHP 可以帮助决策者确定各因素之间的相对重要性，并据此进行方案选择。AHP 适用于处理具有多个层次和因素的复杂决策问题。

（3）模糊综合评价法：模糊综合评价法是一种基于模糊数学理论的多准则决策分析方法。它通过将定性评价转化为定量评价，并引入模糊集合和隶属度函数来处理不确定性问题。模糊综合评价法可以帮助决策者在存在模糊性和不确定性的情况下进行科学的决策。

第二节 融资决策的影响因素与策略

一、融资决策的影响因素

融资决策作为企业财务管理的重要环节，涉及多个层面的因素。从企业内部因素到外部环境因素，再到融资成本与风险考量，每个因素会都对企业的融资策略产生直接或间接的影响。

（一）企业内部因素

1. 企业规模

企业规模是融资决策中的重要考量因素。一般来说，大型企业由于其雄厚的资产基础和较高的市场份额，往往更容易获得投资者的信任，因此在融资市场上具有更高的议价能力。而小型企业可能面临更多的融资难题，如信息不透明、抵押品不足等。

2. 盈利能力

盈利能力直接影响企业的内部融资能力。盈利能力强的企业可以通过留存收益进行再投资，减少对外部融资的依赖。相反，盈利能力弱的企业可能需要更多地依赖外部融资来支持其运营和扩张。

3. 资产结构

企业的资产结构，特别是流动资产与固定资产的比例，也会影响其融资决策。流动资产比例高的企业通常具有更强的短期偿债能力，可能更倾向于短期融资。而固定资产比例高的企业则可能更倾向于长期融资以匹配其长期资产。

（二）外部环境因素

1. 市场条件

市场条件，如利率、通货膨胀率、股票价格等，都会影响企业的融资成本。在低利率环境下，企业可能更愿意通过债务融资来降低成本。而在高通货膨胀率环境下，企业可能更倾向于股权融资以避免通胀对债务实际负担的加重。

2. 政策环境

政策环境包括财政政策、货币政策以及行业相关政策等。紧缩的货币政策可能会导致企业融资成本上升，而扩张性的财政政策则可能为企业提供更多的融资渠道和优惠政策。

3. 行业竞争

行业竞争态势也会影响企业的融资决策。在竞争激烈的行业中，企业可能需要更多的资金来支持营销、研发和创新等活动。此外，行业内的竞争格局也会影响投资者的风险偏好和投资决策，进而影响企业的融资成本。

（三）融资成本与风险考量

1. 融资成本

融资成本是企业选择融资方式时需要考量的关键因素。不同融资方式的成本存在差异，如债务融资需要支付利息，而股权融资可能会稀释现有股东的权益。企业在选择融资方式时需要权衡各种成本，选择最优的融资结构。

2. 财务风险

财务风险是指由于融资决策导致的企业财务状况的不确定性。过度依赖债务融资可能会增加企业的财务风险，如资不抵债、流动性风险等。而股权融资虽然可以降低财务风险，但也可能导致控制权的分散和股价波动等问题。

3. 经营风险

经营风险是指企业在经营过程中面临的各种不确定性因素，如市场需求变化、供应链中断等。这些风险因素可能影响企业的盈利能力和现金流稳定性，进而影响其融资决策。例如，在高经营风险的环境下，企业可能更倾向于选择灵活性较强的短期融资方式以应对不确定性。

二、融资策略的选择

在企业的发展过程中，融资是不可或缺的一环。根据企业的实际需求和市场环境，选择恰当的融资策略至关重要。

（一）股权融资

股权融资是指企业通过发行股票或转让股权的方式，从投资者那里筹集资金。这种融资方式不需要企业偿还本金，但会稀释原有股东的股权比例。常见的股权融资方式包括 IPO（首次公开发行）、增发和私募等。

1. IPO

IPO 是企业通过证券交易所首次向公众发行股票，筹集资金的过程。IPO可以为企业带来大量的资金，提高企业的知名度和市场地位。然而，IPO 的过程复杂且成本高昂，包括律师费、会计师费、券商费用等。此外，IPO 还需要满足严格的监管要求，如信息披露、公司治理等。

2. 增发

增发是指已上市的公司通过再次发行股票来筹集资金。与 IPO 相比，增发的程序相对简单，成本较低。企业可以根据市场需求和自身情况，灵活选择增发的时机和规模。但增发同样会稀释原有股东的股权，且股价表现会受到市场环境等多种因素的影响。

3. 私募

私募是指企业通过非公开方式向特定投资者出售股权来筹集资金。私募的对象通常是机构投资者、高净值个人等。私募的优点在于灵活性高、筹资周期短、监管要求相对较低。但私募投资者通常会对企业的经营管理和决策产生一定的影响。

（二）债务融资

债务融资是指企业通过举债的方式筹集资金，需要在约定的期限内还本付息。常见的债务融资方式包括银行贷款和债券发行等。

1. 银行贷款

银行贷款是企业向银行申请贷款以筹集资金的方式。银行贷款的优点在于筹资速度快、成本相对较低（尤其在低利率环境下）。但银行贷款通常需要提供抵押或担保，且贷款额度、期限等受到银行的严格限制。

2. 债券发行

债券发行是企业通过发行债券来筹集资金的方式。债券持有人是企业的债权人，享有固定的利息收益和到期还本的权利。债券发行的优点在于可以筹集大量资金、降低财务风险（与股权融资相比）。但债券发行需要满足严格的监管要求，如信用评级、信息披露等，且企业需要承担还本付息的压力。

（三）混合型融资

混合型融资是指同时结合股权和债务特点的融资方式。常见的混合型融资工具包括可转债和优先股等。

1. 可转债

可转债是一种可以在特定条件下转换为股票的债券。在转换之前，可转债的持有人享有固定的利息收益和到期还本的权利；一旦触发转换条件（股价达到约定水平），持有人可以选择将债券转换为股票，从而成为企业的股东。可转债的优点在于既能筹集资金，又能降低企业的财务风险和股权稀释程度。但可转债的发行条件较为苛刻，且转换后的股价表现会受到市场环境等多种因素的影响。

2. 优先股

优先股是一种具有优先权益的股票。与普通股相比，优先股通常享有固定的股息收益和优先的清偿权利（在企业破产清算时）。优先股的优点在于既能为企业筹集资金，又能避免普通股股东对企业的经营管理产生过多的干预。但优先股的发行成本相对较高，且股息支付会给企业带来一定的财务压力。

（四）创新型融资

随着金融市场的发展和技术进步，创新型融资方式不断涌现。这些融资方式充分利用互联网、大数据等先进技术，为企业提供更加灵活、便捷的融资服务。常见的创新型融资方式包括众筹和供应链金融等。

1. 众筹

众筹是一种通过互联网平台向广大投资者筹集资金的方式。众筹的项目类型广泛，包括产品研发、创意实现、公益活动等。众筹的优点在于筹资门槛低、筹资周期短、投资者群体广泛。但众筹项目的成功率较低，且监管政策尚不完善，存在一定的法律风险。

2. 供应链金融

供应链金融是一种基于供应链上下游企业之间的真实交易背景提供的金融服务。通过应收账款融资、存货融资等方式，帮助供应链上的中小企业解决融资难题。供应链金融的优点在于针对性强、风险可控、能够提高整个供应链的运作效率。但供应链金融需要建立完善的信用体系和风险控制机制，以确保资金的安全性和流动性。

三、融资决策的流程管理

融资决策是企业发展的重要环节，涉及资金筹集、运用与风险控制等多个方面。一个科学、合理的融资决策流程，不仅能够帮助企业高效筹集所需资金，还能优化资本结构，降低财务风险。

（一）确定融资需求与目的

企业进行融资决策的首要任务是明确融资需求和目的。这包括确定所需资金的规模、用途以及期望的融资期限等。企业应根据自身的经营计划、发展战略和市场环境等因素，合理评估资金需求，确保融资活动的针对性和有效性。

在确定融资需求时，企业需要综合考虑多个因素。例如，对于扩张型企业，可能需要大量资金用于市场开拓、产品研发或并购活动；而对于稳健型企业，则可能更注重资金的安全性和流动性，以满足日常运营和短期投资需求。

明确融资目的也是至关重要的一步。企业应根据不同的资金需求，设定相应的融资目标。例如，短期融资可能用于补充流动资金、优化财务结构或应对突发事件；而长期融资则可能用于支持企业的长期发展战略、进行重大投资或提升核心竞争力。

（二）分析融资环境与条件

在明确融资需求和目的后，企业需要对当前的融资环境和条件进行深入分析。这包括了解宏观经济形势、政策环境、行业发展趋势以及资本市场动态等。通过这些分析，企业可以更好地把握市场机遇和挑战，为后续的融资决策提供有力支持。

宏观经济形势是影响企业融资的重要因素之一。在经济繁荣时期，资本市场活跃，投资者信心增强，企业融资相对容易；而在经济衰退时期，则可能面临更严格的融资条件和更高的融资成本。

政策环境也是企业融资过程中不可忽视的因素。政府政策的变化可能会对企业的融资活动产生直接影响。例如，货币政策的调整可能会影响银行的信贷规模和利率水平；而财政政策的调整则可能为企业提供更多的税收优惠或补贴支持。

行业发展趋势和资本市场动态也是企业融资决策中需要关注的重要方面。了解行业内的竞争格局、技术创新和市场需求等因素，有助于企业更准确地评估自身的市场地位和发展潜力；同时，密切关注资本市场的动态变化，可以帮助企业把握最佳的融资时机和方式。

（三）设计融资方案与结构

在分析融资环境与条件的基础上，企业需要设计具体的融资方案和资本结构。这包括选择合适的融资方式、确定融资规模和期限、制订还款计划以及评估潜在风险等。

选择合适的融资方式是设计融资方案的关键步骤之一。企业应根据自身的实际情况和市场环境，综合考虑各种融资方式的优缺点。例如，股权融资可以筹集大量资金且无须还本付息，但可能会稀释原有股东的股权比例；债务融资则具有杠杆效应且成本相对较低，但需要承担还本付息的压力。

确定融资规模和期限也是设计融资方案的重要环节。企业应根据自身的资金需求和还款能力，合理确定融资规模和期限。过大的融资规模可能会增加企业的财务负担和经营风险；而过短的融资期限则可能无法满足企业的长期发展需求。

制订还款计划是确保企业按时履行还款义务的关键措施之一。企业应根据自身的现金流状况和预期收入情况，制订合理的还款计划。这包括明确每期还款的金额、时间和方式等，以确保企业能够按时、足额地偿还债务。

评估潜在风险是设计融资方案时不可忽视的一环。企业应对可能出现的市场风险、信用风险、流动性风险等进行全面评估，并制定相应的风险应对措施。这有助于企业在面临不利情况时及时调整融资策略，降低财务风险。

（四）实施融资计划与谈判

在设计好融资方案和资本结构后，企业需要开始实施融资计划并与潜在投资者进行谈判。这包括准备融资材料、选择合适的融资渠道、与投资者进行沟通和协商等。

准备融资材料是实施融资计划的基础工作之一。企业应根据投资者的需求和关注点，准备详细且真实的融资材料。这包括商业计划书、财务报表、市场前景分析以及管理团队介绍等，以展示企业的实力和潜力。

选择合适的融资渠道也是实施融资计划的关键步骤之一。企业应根据自身的实际情况和市场环境，选择适合的融资渠道。例如，对于初创企业而言，天使投资或风险投资可能是更合适的融资渠道；而对于成熟企业而言，银行贷款或债券发行可能更为适合。

与投资者进行沟通和协商是实施融资计划过程中必不可少的一环。企业应积极与潜在投资者建立联系，展示自身的价值和优势，并就融资条件、股权比例等关键问题进行深入沟通和协商。这有助于企业争取到更优惠的融资条件和更多的资金支持。

（五）融资后管理与风险控制

在完成融资后，企业需要加强融资资金的管理和风险控制工作。这包括确保资金的安全性和流动性、优化资本结构以降低财务风险、加强与投资者的关系维护以及制定应对潜在风险的措施等。

确保资金的安全性和流动性是融资后管理的首要任务之一。企业应建立健全的财务管理制度，规范资金的使用和调度流程；同时，加强现金流管理，确保企业能够按时履行还款义务并应对可能出现的突发事件。

优化资本结构以降低财务风险也是融资后管理的重要方面之一。企业应根据自身的实际情况和市场环境，适时调整资本结构以降低财务风险。例如，通过发行债券或优先股等方式增加债务资本比例以降低权益资本成本；或者通过回购股份或增发新股等方式调整股权结构以增强对企业的控制力。

加强与投资者的关系维护也是融资后管理不可忽视的一环。企业应积极与投资者保持沟通联系，及时披露重要信息以增强透明度；同时，关注投资者的需求和关注点并积极回应其诉求以维护良好的合作关系。这有助于企业在未来获得更多的融资支持和市场资源。

制定应对潜在风险的措施也是融资后管理的重要组成部分之一。企业应定期对融资项目进行评估和监控以及时发现潜在风险并制定相应应对措施；同时建立完善的风险预警机制和应急预案以应对可能出现的风险事件。这有助于企业在面临不利情况时迅速做出反应并降低损失程度。

第三节　投融资决策在资本运作与价值创造中的协同作用

一、投融资决策的战略协同

在现代企业中，投融资决策不仅是资金筹集和运用的过程，更是企业战略实施的关键环节。投融资决策与企业战略之间的匹配程度，直接影响着企业的资源配置效率、市场竞争力和长期发展。因此，实现投融资决策的战略协同，对于企业的成功至关重要。

（一）投融资决策与企业战略的匹配

1. 明确企业战略定位

企业战略定位是投融资决策的基础。企业应根据自身的使命、愿景和核心价值观，结合市场环境、行业趋势和竞争态势，明确自身的战略定位。这包括确定企业的发展目标、市场定位、产品策略、渠道策略等，为投融资决策提供明确的指导。

2. 分析投融资需求与战略契合点

在明确企业战略定位的基础上，企业需要进一步分析投融资需求与战略的契合点。这包括确定投融资的规模、期限、成本等要素，以及这些要素与企业战略的匹配程度。例如，对于一家以创新为驱动的企业，其投融资决策应重点关注研发资金的筹集和运用，以支持企业的创新战略。

3. 制定投融资策略以支持企业战略实施

根据企业战略定位和投融资需求的分析结果，企业需要制定相应的投融资策略。这些策略应旨在支持企业战略的实施，提高企业的资源配置效率和市场竞争力。例如，对于一家以扩张为战略的企业，其投融资策略可能包括通过并购或新建生产线来扩大市场份额。

（二）利用投资与融资优化企业资源配置

1. 通过投资实现资源优化配置

投资是企业实现资源优化配置的重要手段。通过对外投资，企业可以获取新的技术、市场、资源等，从而增强自身的竞争力和盈利能力。在投资决策过程中，企业需要综合考虑项目的收益性、风险性和战略契合度等因素，确保投资项目能够为企业带来长期的收益和增长。

2. 利用融资调整企业资本结构

融资是企业调整资本结构、实现资源优化配置的另一重要手段。通过融资，企业可以筹集到所需的资金，支持企业的运营和发展。在融资决策过程中，企业需要权衡不同融资方式的成本、风险和收益等因素，选择最适合自身的融资方式。同时，企业还需要关注资本结构的合理性，避免过度负债或股权稀释等问题。

3. 实现投资与融资的协同效应

投资与融资之间并非孤立存在，而是相互影响、相互制约的关系。实现投资与融资的协同效应，可以进一步提高企业的资源配置效率和市场竞争力。例如，在投资决策时考虑融资的可得性和成本问题，可以确保投资项目的顺利实施；在融资决策时考虑投资项目的收益性和风险性等因素，可以确保筹集到的资金能够得到有效的利用和回报。

二、价值创造过程中的投融资协同

在企业价值创造的过程中，投融资决策扮演着举足轻重的角色。它们不仅直接影响企业的资金流动和资本结构，还间接影响企业的盈利能力、市场地位和长期发展。因此，实现投融资协同是提升企业整体价值的关键。

（一）投资决策对企业价值增长的影响

1. 投资决策与企业增长战略

投资决策是企业实现增长战略的重要手段。通过对外投资，企业可以拓展新的市场、获取新的技术或资源，从而增强自身的竞争力和盈利能力。例如，对于一家以创新为驱动的企业，投资决策可能侧重于研发项目的投入，以推动产品创新和技术升级。

2. 投资决策与企业现金流管理

投资决策直接影响企业的现金流状况。合理的投资决策可以优化企业的现金流结构，确保企业拥有足够的资金支持运营和发展。相反，不合理的投资决策可能导致企业现金流紧张，甚至引发财务危机。

3. 投资决策与企业风险管理

投资决策还涉及企业风险管理的层面。不同的投资项目具有不同的风险特征和收益潜力。企业需要在投资决策过程中权衡风险与收益的关系，确保投资项目符合企业的风险承受能力和战略目标。

（二）融资决策对企业资本结构与成本的影响

1. 融资决策与企业资本结构

融资决策是企业调整资本结构的重要方式。通过选择不同的融资方式和融资工具，企业可以优化自身的资本结构，降低财务风险并提高股东价值。例如，股权融资可以增加企业的股本规模，降低负债比率；而债务融资则可以利用财务杠杆效应提高股东收益。

2. 融资决策与企业融资成本

融资决策还直接影响企业的融资成本。不同的融资方式和融资工具具有不同的成本特征。企业需要在融资决策过程中比较各种融资方式的成本优劣，选择成本最低且符合企业战略目标的融资方式。此外，企业的信用状况和市场环境等因素也会影响融资成本的高低。

3. 融资决策与企业市场地位

融资决策还可能影响企业的市场地位。例如，通过发行新股或债券等融资方式筹集资金，可以增强企业的资金实力和市场竞争力，提升企业在行业中的地位和影响力。同时，与金融机构等合作伙伴建立良好的合作关系也有助于企业获取更多的融资支持和市场资源。

（三）投融资协同提升企业整体价值

1. 投融资协同优化企业资源配置

实现投融资协同可以优化企业的资源配置。通过合理的投资决策和融资决策，企业可以将有限的资源投入到最具战略意义和价值创造潜力的项目中，提高资源的利用效率和产出效益。同时，投融资协同还可以帮助企业实现内外部资源的有效整合和互补，进一步提升企业的整体竞争力。

2. 投融资协同降低企业财务风险

实现投融资协同还可以降低企业的财务风险。通过合理的融资决策调整资本结构并降低财务风险；同时，通过谨慎的投资决策避免盲目扩张和过度负债等问题。这样可以使企业在保持稳健发展的同时实现价值最大化。

3. 投融资协同增强企业市场适应性

实现投融资协同还可以增强企业的市场适应性。随着市场环境的不断变化和竞争态势的日益激烈，企业需要不断调整自身的战略和业务模式以适应市场需求的变化。通过灵活的投融资决策，企业可以快速响应市场变化并抓住发展机遇；同时还可以借助外部合作伙伴的力量实现资源共享和优势互补，进一步提升自身的市场适应性和竞争力。

三、案例探讨：成功企业的投融资协同实践

在现代商业环境中，投融资协同已成为企业实现价值最大化的重要手段。通过分析成功企业的投融资协同实践，我们可以提炼出这些企业实现价值增长的关键要素与经验，为其他企业提供有益的借鉴。

（一）成功企业如何通过投融资决策实现价值最大化

1. 明确战略目标与定位

成功企业在投融资决策过程中，始终围绕自身的战略目标与定位进行。这些企业清楚地知道自己在市场中的位置、竞争优势以及未来发展方向，并根据这些信息制定相应的投融资策略。通过精准的投融资决策，这些企业能够确保资金和资源投向最具增长潜力的领域，从而实现价值最大化。

2. 优化资本结构与融资成本

成功企业还注重优化资本结构与降低融资成本。它们会根据自身的财务状况、市场环境和业务需求，灵活选择股权融资、债务融资等融资方式，以调整资本结构并降低财务风险。同时，这些企业还会与金融机构等合作伙伴建立良好的合作关系，争取获得更优惠的融资条件和更低的融资成本。

3. 强化风险管理与内部控制

在投融资决策过程中，成功企业始终将风险管理和内部控制放在首位。它们会建立完善的风险管理体系和内部控制机制，对投融资项目进行全面的风险评估和监控，确保资金的安全性和收益性。同时，这些企业还会定期对投融资决策进行回顾和调整，以适应市场变化和业务需求的变化。

（二）提炼成功企业投融资协同的关键要素与经验

1. 战略导向与市场敏锐度

成功企业的投融资协同实践表明，战略导向和市场敏锐度是实现价值最大化的关键要素之一。这些企业能够紧密围绕自身的战略目标进行投融资决策，同时敏锐地捕捉市场变化和机遇，快速调整投融资策略以应对挑战。这种战略导向和市场敏锐度使得这些企业能够在激烈的市场竞争中保持领先地位并实现

持续增长。

2. 灵活多样的投融资策略与工具

成功企业还善于运用灵活多样的投融资策略和工具来实现价值最大化。它们会根据不同的项目需求和市场环境，选择合适的投融资方式和工具，如股权投资、债券发行、银行贷款等。这种灵活性和多样性使得这些企业能够更好地满足业务需求并降低财务风险。

3. 强大的资源整合与协同能力

成功企业的投融资协同实践还表明，强大的资源整合与协同能力是实现价值最大化的重要保障。这些企业能够充分发挥自身优势，整合内外部资源，形成强大的协同效应。同时，它们还注重与合作伙伴建立良好的合作关系，共同分享资源、技术和市场机会，实现互利共赢。这种资源整合与协同能力使得这些企业能够在激烈的市场竞争中脱颖而出并实现持续增长。

第四节　案例分析：投融资决策的成功与失败案例

一、成功案例分析

在现代商业环境中，众多企业通过精准的投融资决策实现了跨越式发展。本节将选取一个具有代表性的成功案例，深入剖析其投融资决策过程，并提炼出可供其他企业借鉴的启示与经验。

（一）案例选择与背景介绍

本节选取的案例是一家名为"智行科技"的创新型企业。该企业专注于人工智能技术的研发与应用，通过不断创新和拓展市场，逐渐成长为行业内的领军企业。在发展过程中，智行科技成功运用了投融资协同策略，实现了企业价值的最大化。

智行科技成立之初，便明确了以人工智能技术为核心的发展战略。为了支持这一战略的实施，企业需要大量的研发资金和市场拓展资金。然而，作为一家初创企业，智行科技面临着资金短缺的困境。为了解决这一问题，企业决定通过投融资协同的方式筹集资金。

（二）成功案例的投融资决策过程剖析

1. 明确投融资目标与策略

智行科技在制定投融资决策时，首先明确了自身的目标和策略。企业的目标是筹集足够的资金以支持研发和市场拓展，同时优化资本结构并降低财务风险。为了实现这一目标，企业制定了以下策略：积极寻求外部投资，包括股权投资和债权投资；加强与金融机构的合作，争取获得优惠的融资条件；通过上市等方式拓宽融资渠道。

2. 精准选择投资项目与合作伙伴

在明确投融资目标与策略后，智行科技开始积极寻找合适的投资项目和合作伙伴。企业注重选择具有战略意义和市场潜力的投资项目，如与行业领先企业合作开发新产品、拓展新市场等。同时，智行科技还注重选择具有共同价值观和发展愿景的合作伙伴，以确保双方在合作过程中能够形成良好的协同效应。

3. 灵活运用多种投融资工具与方式

智行科技在投融资过程中灵活运用了多种投融资工具和方式。企业根据不同阶段的需求和市场环境，选择了股权融资、债权融资、上市融资等多种方式筹集资金。同时，企业还积极运用各种创新型投融资工具，如可转债、股权质押等，以优化资本结构并降低融资成本。

4. 强化风险管理与内部控制

在投融资决策过程中，智行科技始终将风险管理和内部控制放在首位。企业建立完善的风险管理体系和内部控制机制，对投融资项目进行全面的风险评估和监控。同时，企业还注重加强与投资者的沟通与交流，及时披露相关信息，维护良好的投资者关系。

（三）成功案例的启示与可借鉴之处

1. 坚持战略导向与市场敏锐度

智行科技的成功实践表明，坚持战略导向和市场敏锐度是实现投融资协同与价值最大化的关键。企业应明确自身的战略目标和市场定位，紧密围绕战略目标进行投融资决策。同时，企业还应敏锐地捕捉市场变化和机遇，快速调整投融资策略以应对挑战。

2. 注重资源整合与协同效应

智行科技在投融资过程中注重资源整合与协同效应的发挥。企业积极寻求与合作伙伴的资源共享和优势互补，共同推动项目的成功实施。这种资源整合与协同能力使得企业能够在激烈的市场竞争中脱颖而出并实现持续增长。其他企业在制定投融资决策时，也应注重资源整合与协同效应的发挥，以提升自身的竞争力和市场地位。

3. 强化风险管理与内部控制体系

智行科技的成功实践还表明，强化风险管理与内部控制体系是实现投融资协同与价值最大化的重要保障。企业应建立完善的风险管理体系和内部控制机制，对投融资项目进行全面的风险评估和监控。同时，企业还应加强与投资者的沟通与交流，及时披露相关信息，维护良好的投资者关系。这些措施有助于降低企业的财务风险和市场风险，保障投融资决策的成功实施。

二、失败案例分析

在商业世界中，成功与失败并存，而失败往往能为我们提供更为深刻的教训。本节将选取一个投融资决策失误的失败案例，通过对其背景、失误原因及教训的深入剖析，旨在为其他企业提供前车之鉴，避免重蹈覆辙。

（一）案例选择与背景介绍

本节选取的失败案例是一家名为"宏图科技"的初创企业。该企业成立于科技行业蓬勃发展的时期，致力于开发一款具有创新性的智能穿戴设备。宏图科技在成立初期便受到了市场的广泛关注，其独特的产品理念和潜在的市场前景吸引了众多投资者的目光。

然而，尽管拥有良好的开端和广阔的市场前景，宏图科技最终却走向了失败。其失败的原因是多方面的，但最为关键的一点在于投融资决策的失误。下面将对宏图科技在投融资决策过程中的失误进行深入剖析。

（二）失败案例的投融资决策失误剖析

1. 盲目追求高估值与快速扩张

宏图科技在成立初期便设定了过高的估值目标，希望通过快速扩张来占据市场份额。为了实现这一目标，企业不断寻求外部融资，以支持其高速发展和扩张计划。然而，在追求高估值和快速扩张的过程中，宏图科技忽视了自身的盈利能力和现金流状况，导致企业陷入资金困境。

2. 对市场需求和竞争态势判断失误

宏图科技在制定投融资决策时，对市场需求和竞争态势的判断过于乐观。企业高估了自身产品的市场接受度和竞争力，低估了竞争对手的反应速度和市场份额。这种判断失误导致宏图科技在产品研发和市场推广上投入了大量资金，但最终未能实现预期的市场回报。

3. 投融资策略单一且缺乏灵活性

宏图科技在投融资策略上过于单一，主要依赖于外部股权融资。当市场环境发生变化时，企业未能及时调整投融资策略，导致资金来源受限。此外，宏图科技还缺乏与金融机构等合作伙伴的深入合作，未能充分利用各种融资渠道和工具来优化资本结构。

4. 内部控制与风险管理缺失

宏图科技在投融资决策过程中缺乏有效的内部控制和风险管理机制。企业对投融资项目的审批、执行和监督环节存在漏洞，导致资金使用效率低下和财务风险加大。同时，宏图科技还忽视了对投资者的信息披露和沟通工作，导致投资者信心下降并加剧了企业的资金困境。

（三）失败案例的教训与反思

1. 理性设定估值目标与扩张计划

宏图科技的失败教训告诉我们，企业在设定估值目标和扩张计划时应保持理性。过高的估值目标和过快的扩张速度往往会导致企业资金链紧张甚至断裂。因此，企业应根据自身的盈利能力和现金流状况来制定合理的估值目标和扩张计划。

2. 准确判断市场需求与竞争态势

企业在制定投融资决策时，应准确判断市场需求和竞争态势。过于乐观的估计往往会导致企业投入大量资金却无法实现预期的市场回报。因此，企业应对市场进行深入的调研和分析，以确保投融资决策的准确性。

3. 多元化投融资策略与灵活调整

宏图科技的失败还提醒我们，企业应采用多元化的投融资策略并灵活调整以适应市场环境的变化。单一的投融资策略往往会使企业在面临市场波动时陷入困境。因此，企业应积极寻求与各类金融机构的合作，充分利用各种融资渠道和工具来优化资本结构并降低财务风险。

4. 加强内部控制与风险管理

企业应加强内部控制和风险管理以确保投融资决策的有效执行。完善的内部控制机制和风险管理体系可以帮助企业及时发现并纠正投融资决策中的失误和漏洞，从而保障企业的稳健发展。

三、案例对比与总结

在商业领域中，投融资决策是企业成长与发展的关键环节。成功与失败案例的对比分析，有助于我们提炼出投融资决策的关键因素与成功要素，并为企业实践提供有价值的建议与指导。

（一）成功与失败案例的对比分析

成功案例往往表现出以下几个共同特征。首先，它们具有明确的战略目标和市场定位，能够紧密围绕核心业务进行投融资决策；其次，这些企业善于运用多种投融资工具和策略，以优化资本结构和降低财务风险；最后，它们建立了完善的风险管理和内部控制体系，确保投融资项目的稳健运作。

相比之下，失败案例则往往存在以下问题。首先，它们可能缺乏明确的战略目标或市场定位不清，导致投融资决策与核心业务脱节；其次，这些企业可能过于依赖单一的投融资方式或策略，无法有效应对市场变化；最后，它们在风险管理和内部控制方面可能存在明显漏洞，导致资金损失或项目失败。

通过对比分析可以看出，成功的投融资决策需要企业具备战略眼光、市场敏锐度、灵活多变的投融资策略以及完善的风险管理和内部控制体系。而失败案例则往往在这些方面存在明显不足。

（二）提炼投融资决策的关键因素与成功要素

基于上述对比分析，我们可以提炼出投融资决策的关键因素与成功要素如下。

（1）明确的战略目标和市场定位：企业应明确自身的核心业务和发展方向，确保投融资决策与战略目标保持一致。同时，要深入了解市场需求和竞争态势，为投融资项目提供准确的市场定位。

（2）灵活多变的投融资策略：企业应根据市场环境、业务需求以及自身财务状况，灵活选择多种投融资工具和策略。这包括股权融资、债权融资、上市融资等多种方式，以及创新型投融资工具的运用。通过多元化的投融资策略，企业可以降低财务风险并优化资本结构。

（3）完善的风险管理和内部控制体系：企业应建立完善的风险管理体系，包括风险评估、监控和应对机制。同时，要加强内部控制，确保投融资项目的合规性和稳健性。通过有效的风险管理和内部控制，企业可以及时发现并应对潜在风险，保障投融资项目的成功实施。

（三）对企业投融资决策的实践建议与指导

基于以上分析，以下是对企业投融资决策的实践建议与指导。

（1）制定科学的投融资规划：企业应结合自身的战略目标和市场定位，制订科学的投融资规划。规划应包括资金需求、融资渠道、融资成本、投资回报等方面的内容，确保投融资决策符合企业的长期发展需求。

（2）加强市场研究与信息披露：企业应加强对市场的研究和分析，及时掌握行业动态和市场变化。同时，要加强与投资者的沟通和信息披露工作，提高投资者的信心和认可度。这有助于企业更好地把握市场机遇并降低投融资风险。

（3）建立专业化的投融资团队：企业应建立专业化的投融资团队，负责投融资项目的策划、执行和监控工作。团队应具备丰富的行业经验和专业知识，能够为企业提供有针对性的投融资建议和服务。通过专业化的团队运作，企业可以提高投融资决策的效率和质量。

（4）持续优化投融资策略与组合：企业应根据市场环境的变化和业务需求的变化，持续优化投融资策略和组合。这包括调整融资渠道、优化融资结构、拓展投资领域等方面的内容。通过持续的优化调整，企业可以更好地适应市场变化并实现价值最大化。

第四章　企业并购与资本运作

第一节　企业并购的动机与类型

一、企业并购的动机

企业并购作为市场经济条件下的一种重要经济行为，其背后隐藏着多种动机。这些动机往往与企业的战略目标、市场环境、竞争态势以及资源配置等多方面因素紧密相关。以下将详细分析企业并购的主要动机。

（一）规模经济与市场份额扩大

在激烈的市场竞争中，企业追求规模经济以降低生产成本、提高经营效率，并购是实现这一目标的有效途径。通过并购，企业可以快速扩大生产规模，实现生产要素的优化配置和共享，从而降低单位产品的生产成本。同时，并购还有助于企业迅速占领更大市场份额，提升市场影响力。在市场份额的争夺中，并购往往能够为企业带来更大的竞争优势，进而获取更多的市场资源和盈利机会。

具体来说，规模经济可以通过以下几个方面实现。一是采购成本的降低，通过合并采购需求，提高与供应商的议价能力；二是生产成本的降低，通过优化生产流程、提高设备利用率、实现专业化分工等方式提高生产效率；三是销售成本的降低，通过共享销售渠道、客户资源等方式降低单位产品的销售费用。

市场份额的扩大则意味着企业能够在更广泛的范围内推广和销售产品，进而提升品牌知名度和市场占有率。通过并购，企业可以整合双方的市场资源，形成更强的市场竞争力，抵御外部市场的冲击和挑战。

（二）协同效应与资源整合

并购活动能够产生协同效应，即并购后的整体效益大于并购前各企业的效益之和。这种协同效应可以来源于管理、经营、财务等多个方面。管理协同方面，并购方可以引入被并购方的先进管理理念和方法，提升整体管理水平；经营协同方面，通过整合双方的生产、销售、研发等资源，实现优势互补，提高整体运营效率；财务协同方面，并购可以带来资金成本的降低、税收优惠等财务利益。

资源整合是企业并购的重要动机之一。通过并购，企业可以获取被并购方的优质资源，如先进技术、专业人才、品牌资产等，从而增强自身的竞争实力。同时，资源整合还有助于企业优化资源配置，提高资源利用效率，实现可持续发展。

（三）多元化经营与风险分散

多元化经营是企业降低经营风险、寻求新的增长点的重要手段之一。通过并购不同行业或地区的企业，企业可以实现多元化经营，减少对单一市场或行业的依赖。这种多元化经营策略有助于企业分散经营风险，当某一市场或行业出现不利变化时，其他市场或行业的盈利可以弥补损失，保持整体经营的稳定性。

同时，多元化经营还有助于企业发掘新的增长机会。不同行业或地区的市场环境和竞争态势存在差异，通过并购进入新的市场领域，企业可以发现并利用新的市场机会，拓展业务领域，实现持续增长。

（四）技术获取与品牌提升

在科技日新月异的时代背景下，技术已成为企业竞争的核心要素之一。通过并购拥有先进技术的企业，并购方可以快速获取相关技术，缩短研发周期，降低研发风险。这种技术获取方式对于提升企业竞争力具有重要意义。

品牌是企业重要的无形资产之一，对于提升企业形象、增强市场竞争力具有重要作用。通过并购知名品牌企业，并购方可以借助被并购方的品牌影响力提升自身的品牌形象和市场认知度。这种品牌提升方式有助于企业在激烈的市场竞争中脱颖而出，实现快速发展。

（五）财务利益与税收优惠

并购活动还可以为企业带来财务利益和税收优惠。首先，通过并购可以实现财务协同效应，如资金成本的降低、盈利能力的提升等。这种财务协同效应有助于增强企业的盈利能力和抗风险能力。其次，并购还有助于企业改善财务状况，如优化资本结构、提高资产质量等。这些财务利益的获取为企业的持续发展提供了有力支持。

此外，税收优惠也是企业并购的重要动机之一。通过并购亏损企业或其他具有税收优惠条件的企业，并购方可以利用相关税收政策降低自身税负。这种税收优惠政策的利用有助于减轻企业的税收负担，提高整体盈利水平。

二、企业并购的类型

企业并购是市场经济条件下企业为了获取更大市场份额、提升竞争力、实现多元化经营等目标而采取的一种重要策略。根据不同的划分标准，企业并购可以分为多种类型。以下将详细介绍几种常见的企业并购类型。

（一）横向并购（同行业间）

横向并购，也称为水平并购，是指处于同一行业、具有竞争关系的企业之间的并购行为。这种并购类型的主要目的是通过整合行业内的优质资源，实现规模经济效应，降低成本，提高盈利能力。具体来说，横向并购可以带来以下几个方面的优势。

（1）扩大市场份额：通过并购同行业的企业，企业可以迅速扩大市场份额，提高市场占有率，从而增强对市场的控制力。

（2）实现规模经济：横向并购有助于企业实现规模经济效应，通过整合双方的生产能力、销售渠道和客户资源，降低单位产品的生产成本和销售费用，提高整体盈利能力。

（3）消除竞争：横向并购可以减少市场上的竞争对手数量，降低市场竞争压力，有助于企业巩固和提升市场地位。

（4）提高行业集中度：横向并购有助于提高行业集中度，形成更具竞争力的市场格局，从而推动整个行业的健康发展。

然而，横向并购也存在一定的风险和挑战。例如，并购后企业可能面临整合困难、文化差异、管理冲突等问题。因此，在进行横向并购时，企业需要充分考虑自身实力和市场环境，制定科学合理的并购策略。

（二）纵向并购（产业链上下游）

纵向并购是指处于产业链上下游关系的企业之间的并购行为。这种并购类型的主要目的是实现产业链整合，加强企业对原材料供应、生产、销售等环节的掌控力。具体来说，纵向并购可以带来以下几个方面的优势。

（1）降低交易成本：通过并购产业链上下游的企业，企业可以减少中间环节、降低交易成本、提高整体盈利能力。

（2）提高供应链稳定性：纵向并购有助于企业加强对供应链的掌控力，确保原材料供应的稳定性和可靠性，降低供应链风险。

（3）增强市场反应能力：通过整合产业链上下游的资源，企业可以更加快速地响应市场变化、调整生产计划和销售策略、满足客户需求。

（4）形成完整产业链布局：纵向并购有助于企业形成完整的产业链布局，提升整体竞争力和抗风险能力。

需要注意的是，纵向并购也存在一定的风险和挑战。例如，并购后企业可能面临管理跨度加大、协调难度增加等问题。因此，在进行纵向并购时，企业需要充分考虑自身实力和管理能力，确保并购后的整合和运营顺利进行。

（三）混合并购（跨行业）

混合并购是指处于不同行业、没有直接产业链关系的企业之间的并购行为。这种并购类型的主要目的是实现多元化经营、分散经营风险、寻求新的增长点。具体来说，混合并购可以带来以下几个方面的优势。

（1）分散经营风险：通过并购不同行业的企业，企业可以拓展业务领域、减少对单一市场的依赖、降低经营风险。当某一行业或市场出现不利变化时，其他行业或市场的盈利可以弥补损失，保持整体经营的稳定性。

（2）实现多元化经营：混合并购有助于企业实现多元化经营策略，通过整合不同行业的资源和优势，形成互补效应和协同效应，提升企业整体竞争力。

（3）寻求新的增长点：通过并购新兴行业或具有发展潜力的企业，企业可以发现并利用新的市场机会和增长点，推动企业的持续发展。

然而，混合并购也存在一定的风险和挑战。例如，并购后企业可能面临行业跨度大、管理难度增加、资源整合困难等问题。因此，在进行混合并购时，企业需要充分考虑自身实力和市场环境，制定科学合理的并购策略，确保并购后的整合和运营顺利进行。

（四）敌意并购与友好并购

根据并购双方的态度和合作程度，企业并购可以分为敌意并购和友好并购。敌意并购是指并购方在目标公司不同意的情况下，强行进行并购的行为。这种并购类型往往伴随着激烈的竞争和冲突，可能导致目标公司采取反并购措施。具体来说，敌意并购的特点如下。

（1）强制性：敌意并购往往是在目标公司不同意或反对的情况下进行的，并购方可能会采取一些强制性手段来推动并购进程。

（2）竞争性：由于目标公司的反对和抵抗，敌意并购往往伴随着激烈的竞争和冲突，包括价格战、舆论战等。

（3）风险性：敌意并购存在较高的风险性，包括法律风险、财务风险、声誉风险等。并购方需要充分考虑这些风险并制定应对措施。

相比之下，友好并购则是指并购方与目标公司经过充分协商和沟通后达成的并购协议。这种并购类型通常更容易得到目标公司的配合和支持，有助于实现平稳过渡和整合。友好并购的特点包如下。

（1）协商性：友好并购是在双方充分协商和沟通的基础上进行的，并购方案通常会得到目标公司的认可和支持。

（2）合作性：在友好并购中，并购方和目标公司会共同合作，推动并购进程的顺利进行，实现双方的共赢。

（3）平稳性：由于得到了目标公司的配合和支持，友好并购通常可以实现平稳过渡和整合，降低并购后的风险和不确定性。

（五）杠杆收购与管理层收购

杠杆收购是指并购方利用少量自有资金，通过大量举债的方式筹集资金进行并购活动。这种并购类型具有高杠杆、高风险、高收益的特点。具体来说，杠杆收购的优势如下。

（1）以小博大：通过利用杠杆效应，并购方可以实现以小博大的效果，快速扩大规模和市场份额。

（2）提高收益率：由于杠杆收购通常伴随着高负债和高风险，因此也可能带来较高的收益率。如果并购成功并整合顺利，企业可以获得显著的财务收益。

然而，杠杆收购也存在较高的财务风险和还款压力。如果并购后企业经营不善或市场环境发生变化，可能导致企业面临严重的财务危机甚至破产风险。因此，在进行杠杆收购时，企业需要充分考虑自身的财务实力和风险承受能力，并制订科学合理的还款计划和风险控制措施。

管理层收购则是指目标公司的管理层或员工利用自有资金或外部融资购买本公司股份的行为。这种并购类型通常发生在企业改制、股权激励等场景下，有助于激发管理层和员工的积极性和创造力，提升企业整体价值。具体来说，管理层收购的优势如下。

（1）激励作用：通过让管理层和员工持有公司股份，激发他们的积极性和创造力，提高工作效率和业绩水平。

（2）改善治理结构：管理层收购有助于改善企业的治理结构，形成更加科学合理的股权结构和决策机制。

（3）提升企业价值：如果管理层和员工对企业未来发展充满信心并积极参与经营管理活动，那么他们的努力将有助于提升企业整体价值和市场竞争力。

需要注意的是，在进行管理层收购时，企业需要充分考虑股权结构、融资安排、激励机制等方面的问题，确保收购活动的合法性和有效性。同时，还需要加强对收购后企业的整合和管理，确保企业的持续稳健发展。

第二节　并购过程中的资本运作策略

一、目标企业估值

在企业并购的复杂过程中，对目标企业进行准确估值是至关重要的一步。估值的准确性直接关系到并购交易的成败以及并购后的整合效果。过高的估值可能导致并购方承担过大的财务压力，甚至影响并购后的运营；而过低的估值则可能引起目标企业股东的反感，导致并购失败。因此，选择合适的估值方法并科学地进行估值是并购成功的关键。

（一）收益法

收益法是一种通过预测目标企业未来的收益，并将其折现至当前时点，以确定企业价值的方法。这种方法主要适用于具有稳定或可预测未来收益的企业。在使用收益法时，需要关注以下几个关键点。

（1）未来现金流量的预测：收益法的核心在于对未来现金流量的准确预测。这要求并购方对目标企业的业务模式、市场环境、竞争状况等有深入的了解。预测过程中，还需要考虑企业未来的增长潜力、行业发展趋势以及宏观经济环境等因素。

（2）折现率的选择：折现率是将未来现金流量折现至当前时点所使用的利率。折现率的选择应反映出目标企业的风险水平。一般来说，风险较高的企业应采用较高的折现率，反之则采用较低的折现率。

（3）增长潜力和风险因素的考虑：在预测未来现金流量时，还需要充分考虑目标企业的增长潜力和风险因素。增长潜力包括市场份额的扩大、新产品的开发等；风险因素则包括市场风险、技术风险、管理风险等。这些因素都可能对目标企业的未来收益产生重大影响。

收益法的优点在于其考虑了目标企业未来的收益能力，能够较为准确地反映企业的内在价值。但同时也存在一些局限性，如对未来现金流量和折现率的预测存在主观性，以及对于新兴企业或处于转型期的企业，其未来收益难以准确预测等。

（二）市场比较法

市场比较法是一种通过比较类似企业的市场交易价格，来确定目标企业价值的方法。这种方法主要适用于存在活跃市场交易的类似企业。在使用市场比较法时，需要注意以下几点。

（1）可比企业的选择：选择与目标企业在业务模式、规模、市场环境等方面具有相似性的可比企业。可比企业的选择直接影响估值结果的准确性。

（2）市场交易价格的影响因素分析：分析可比企业的市场交易价格受到哪

些因素的影响，如行业趋势、市场情绪、交易条件等。这些因素可能对交易价格产生重大影响，需要在估值过程中予以考虑。

（3）适当调整确定市场价值：根据可比企业的市场交易价格及其影响因素，对目标企业进行适当调整，以确定其市场价值。调整过程中需要考虑目标企业与可比企业之间的差异以及市场环境的变化等因素。

市场比较法的优点在于其简单易行且较为客观，能够反映市场对类似企业的定价水平。但同时也存在一些局限性，如可比企业的选择可能存在主观性，以及对于独特性或创新性较强的企业，难以找到合适的可比企业等。

（三）资产基础法

资产基础法是一种通过评估目标企业各项资产和负债的价值，来确定企业价值的方法。这种方法主要适用于资产和负债较为清晰的企业。在使用资产基础法时，需要注意以下几点。

（1）资产和负债的详细评估：对目标企业的各项资产和负债进行详细评估，包括固定资产、流动资产、无形资产以及各项负债等。评估过程中需要考虑资产的市场价值、重置成本以及负债的实际价值等因素。

（2）价值加总确定整体价值：将各项资产和负债的价值加总，以确定企业的整体价值。在加总过程中需要注意各项资产和负债之间的关联性以及可能存在的重复计算等问题。

（3）特殊事项的考虑：在评估过程中还需要考虑一些特殊事项对企业价值的影响，如商誉、专利权、商标权等无形资产的价值评估以及是否有负债的确认等。这些特殊事项可能对企业的整体价值产生重大影响，需要在评估过程中予以充分考虑。

资产基础法的优点在于其以企业的实际资产和负债为基础进行估值，较为客观且易于理解。但同时也存在一定的局限性，如对于某些无形资产或特殊事项的评估可能存在主观性，以及对于处于快速成长期或转型期的企业，其资产和负债的价值可能难以准确评估等。此外，资产基础法还忽略了企业未来的收益能力和市场地位等因素对企业价值的影响。

二、交易结构设计

在企业并购的复杂流程中，交易结构设计是一个至关重要的环节。它不仅关系到并购双方的切身利益，还直接影响并购交易的成败以及并购后的整合效果。一个合理的交易结构能够平衡并购双方的利益诉求，降低交易风险，确保并购活动的顺利进行。

（一）支付方式

支付方式是指并购方为获取目标企业的股权或资产而需要支付的代价形式。选择何种支付方式，对并购双方的财务状况和交易风险都有重要影响。常见的支付方式主要包括现金、股权和债务等。

1. 现金支付

现金支付方式简单明了，能够快速完成交易，且不会对并购方的股权结构造成影响。然而，这种方式对并购方的现金流要求较高，可能会给企业带来较大的资金压力。此外，现金支付还可能导致并购方错失其他有价值的投资机会。

2. 股权支付

股权支付方式是指并购方通过发行新股或转让部分老股来支付并购对价。这种方式可以减轻并购方的现金流压力，同时使目标企业的原股东成为并购后企业的新股东，共享企业未来的发展成果。但股权支付也可能导致并购方的股权稀释，损害原有股东的利益。此外，新股发行还可能受到市场环境、监管政策等多种因素的影响，存在较大的不确定性。

3. 债务支付

债务支付方式是指并购方通过承担目标企业的债务或发行新的债务工具来支付并购对价。这种方式可以利用财务杠杆效应，提高并购方的资金利用效率。但债务支付也可能增加企业的财务风险，影响企业的信用评级和融资成本。此外，债务支付还可能受到目标企业债务状况、债权人意愿等多种因素的制约。

在选择支付方式时，并购方需要综合考虑自身的财务状况、市场环境、目标企业的需求以及并购后的整合计划等多种因素。同时，还需要与目标企业进行充分沟通，确保双方对支付方式的选择达成一致意见。

（二）融资安排

融资安排是指并购方为筹集并购资金而进行的资金筹措活动。并购交易往往涉及大额的资金流动，因此合理的融资安排对确保并购的顺利进行至关重要。常见的融资方式主要包括内部融资和外部融资。

1. 内部融资

内部融资主要利用企业的自有资金进行并购活动。这种方式具有成本低、风险小的优点，因为企业无须支付额外的利息或费用给外部投资者或金融机构。但内部融资可能受到企业现金流状况的限制，如果企业的自有资金不足以支持并购交易，就需要考虑其他融资方式。

2. 外部融资

外部融资是指通过向外部投资者或金融机构筹集资金进行并购活动。常见的外部融资方式包括银行贷款、发行债券或股票等。外部融资具有筹集资金量大、速度快的优点，可以满足并购方对资金的需求。但外部融资也可能增加企业的财务成本和风险，如利息支出、还款压力以及股价波动等。

在选择融资方式时，并购方需要权衡各种因素，确保融资安排与并购战略相匹配。同时，还需要考虑融资成本、融资期限以及还款计划等因素，确保企业在并购后能够保持良好的财务状况和运营能力。

（三）风险分担机制

风险分担机制是指在并购过程中，通过合理的交易结构设计，将风险在并购双方之间进行分担。这可以降低并购方的风险敞口，增强交易的稳健性。常见的风险分担机制包括业绩承诺、对赌协议和回购条款等。

1. 业绩承诺

业绩承诺要求目标企业在一定期限内实现约定的业绩目标。如果目标企业未能实现承诺的业绩目标，就需要向并购方支付补偿。这种方式可以激励目标企业的管理层努力提升业绩，同时也为并购方提供了一定的风险保障。但业绩承诺也可能导致目标企业为达成承诺而采取短期行为或财务造假等行为。

2. 对赌协议

对赌协议是一种根据目标企业未来的业绩表现来决定双方权益调整的协议。

如果目标企业的业绩表现超出预期，并购方需要向目标企业或其原股东支付额外的对价；反之，如果目标企业的业绩表现不佳，目标企业或其原股东则需要向并购方支付补偿。对赌协议可以平衡双方的利益诉求，降低并购方的风险敞口。但对赌协议也可能导致双方对未来业绩的预测产生分歧或争议。

3. 回购条款

回购条款允许并购方在特定情况下要求目标企业或原股东回购股份。这通常发生在目标企业的业绩未达预期或出现其他违约情况时。回购条款可以为并购方提供退出机制，降低其投资风险。但回购条款也可能导致目标企业或原股东面临较大的资金压力。

在设计风险分担机制时，并购方需要充分考虑目标企业的实际情况和市场环境等因素。同时，还需要与目标企业进行充分沟通，确保双方对风险分担机制的设计达成一致意见。此外，并购方还需要在交易协议中明确约定相关条款和细节，以避免未来产生争议或纠纷。

三、并购融资

并购作为企业快速扩张和资源整合的重要手段，在现代经济活动中占据着举足轻重的地位。而并购融资，作为并购活动的核心环节之一，直接关系着并购交易的成败与效果。

（一）债务融资

债务融资是指并购方通过向金融机构申请贷款、发行债券等方式筹集资金，以完成并购交易。债务融资作为一种传统的融资方式，在并购活动中发挥着重要作用。

1. 债务融资的优势

（1）筹集资金速度快：相较于股权融资，债务融资的流程相对简单，能够快速筹集到所需资金，满足并购活动的时效性需求。

（2）资金成本低：债务融资的利息支出通常可以在税前扣除，从而降低企业的实际融资成本。此外，债务融资的利率一般较低，可以进一步减轻企业的财务负担。

（3）保持股权结构稳定：债务融资不会改变企业的股权结构，避免了因股权稀释而引发的控制权问题。

2. 债务融资的风险

（1）偿债风险：债务融资增加了企业的负债规模，从而提高了企业的偿债风险。一旦企业经营不善或市场环境发生变化，可能面临无法按时偿还债务的风险。

（2）财务杠杆效应：债务融资会放大企业的财务杠杆效应，当企业盈利能力下降时，可能导致财务风险加剧。

（3）融资限制：金融机构在提供贷款时，通常会对企业的财务状况、信用状况等进行严格审查，并设定一定的融资限制条件。这可能限制了企业的并购规模和策略选择。

在使用债务融资时，企业需要充分评估自身的偿债能力、信用状况以及市场环境等因素，确保债务融资规模与企业的财务状况相匹配。同时，还需要制订合理的还款计划和风险控制措施，以降低偿债风险和财务风险。

（二）股权融资

股权融资是指并购方通过增发股票、引入私募股权投资者等方式筹集资金进行并购活动的方法。与债务融资相比，股权融资具有不同的特点和风险。

1. 股权融资的优势

（1）减轻偿债压力：股权融资无须还本付息，降低了企业的偿债压力，使企业能够更专注于并购后的整合和发展。

（2）降低财务风险：股权融资能够降低企业的财务杠杆效应，减少财务风险。同时，引入战略投资者还能共享并购收益和风险，进一步降低企业的财务风险。

（3）引入战略资源：通过股权融资，企业可以引入具有行业优势、技术实力或市场资源的战略投资者，为并购后的整合和发展提供有力支持。

2. 股权融资的风险

（1）股权稀释：股权融资会导致原有股东的股权比例降低，从而引发控制权旁落的风险。特别是对于创始股东或管理层来说，股权稀释可能威胁到其对企业的控制地位。

（2）融资成本较高：与债务融资相比，股权融资的融资成本通常较高。这主要是因为投资者对企业未来的盈利能力和发展前景有较高的期望和要求。

（3）信息披露和监管要求：股权融资涉及公众利益和证券市场监管要求，因此企业需要承担更多的信息披露义务和监管责任。这可能增加企业的管理成本和运营压力。

在使用股权融资时，企业需要权衡各种因素，确保股权结构与企业的战略发展相匹配。同时，还需要制定合理的股东协议和治理结构安排，以保护原有股东的利益和控制权地位。

（三）其他创新融资方式

除了传统的债务融资和股权融资外，还有一些创新的融资方式可供并购方选择。这些创新融资方式通常结合了债务和股权的特点和优势，能够满足不同企业的并购需求。

1. 可转债

可转债是一种具有债权和股权双重属性的金融工具。在特定条件下，可转债可以转换为并购方的股票。这种融资方式既能为并购方提供低成本的资金来源，又能降低企业的偿债风险和财务风险。同时，可转债的转换条款还可以根据企业的实际情况和市场环境进行灵活调整，以满足不同阶段的资金需求。

然而，可转债也存在一定的风险。例如，当股票市场表现不佳时，可转债的转换价值可能降低，导致投资者不愿意将其转换为股票。此外，可转债的发行和转换过程可能受到监管政策和市场环境等多种因素的影响，存在一定的不确定性和风险。

2. 夹层融资

夹层融资是一种介于债务和股权之间的融资方式。它通常具有较低的利率和较长的还款期限，能够为并购方提供相对稳定的资金来源。与债务融资相比，夹层融资对并购方的财务状况和信用状况要求较低；与股权融资相比，它又能够避免股权稀释和控制权旁落等问题。

然而，夹层融资也存在一定的风险。由于其介于债务和股权之间的特性，夹层融资的成本通常较高。此外,夹层融资的提供者通常要求获得一定的担保或优先权等保障措施,这可能增加企业的财务风险和法律风险。

在使用创新融资方式时,企业需要充分考虑其特点、风险和适用条件等因素。同时,还需要结合自身的实际情况和市场环境进行灵活选择和运用。例如,在选择可转债时,需要评估股票市场的表现、转换条款的合理性以及监管政策的影响等因素;在选择夹层融资时,则需要关注利率水平、还款期限以及担保措施等条款和条件。

四、并购风险管理

并购作为企业快速扩张和资源整合的重要手段,在现代经济活动中占据着举足轻重的地位。然而,并购过程中面临着各种风险,包括法律风险、财务风险、经营风险和整合风险等。有效地识别和管理这些风险对于确保并购的成功至关重要。

(一)法律风险

法律风险是指在并购过程中因违反法律法规或合同条款而产生的风险。这种风险可能导致并购交易的失败、额外的经济损失以及声誉损害等严重后果。因此,对法律风险的识别和管理至关重要。

1. 法律风险的来源

(1)目标企业的合法合规性问题:目标企业可能存在未披露的法律诉讼、知识产权纠纷、环保违规等问题,这些问题在并购后可能给并购方带来严重的法律风险。

(2)合同条款的不明确或遗漏:并购协议是并购交易的核心文件,如果协议中的条款不明确或遗漏重要内容,可能导致双方在后续合作中产生争议和纠纷。

(3)法律法规的变化:并购交易可能涉及多个国家和地区的法律法规,如果相关法律法规发生变化,可能影响并购交易的合法性和可行性。

2. 法律风险的管理措施

(1)进行充分的尽职调查:在并购交易前,并购方应聘请专业的律师和顾问团队对目标企业进行全面的尽职调查，确保其合法合规性。尽职调查应涵盖目标企业的所有重要法律事项，包括但不限于公司治理结构、知识产权、劳动合同、环保合规等。

（2）签订详尽的并购协议：并购协议应明确双方的权利和义务，包括交易价格、支付方式、交割条件、违约责任等关键条款。协议中还应包含争议解决机制，以便在双方产生争议时能够迅速有效地解决。

（3）密切关注法律法规的变化：在并购过程中，并购方应密切关注相关法律法规的变化，特别是涉及并购交易的重要法律法规。如有必要，应及时调整并购策略以确保合规性。

（二）财务风险

财务风险是指在并购过程中因财务问题而导致的风险。这种风险可能导致并购方无法准确评估目标企业的价值、无法获得预期的并购收益甚至面临财务危机。

1. 财务风险的来源

（1）目标企业财务数据失真：目标企业可能出于各种目的对其财务数据进行粉饰或造假，导致并购方无法准确评估其真实价值。

（2）估值过高：并购方在评估目标企业价值时可能过于乐观或受到其他因素的影响，导致估值过高。这将增加并购方的财务压力并降低其未来的收益预期。

（3）融资困难：并购交易通常需要大量的资金支持，如果并购方无法及时获得足够的融资或融资成本过高，可能导致并购交易的失败或增加其财务风险。

2. 财务风险的管理措施

（1）全面审查目标企业的财务状况：在并购交易前，并购方应对目标企业的财务状况进行全面审查，包括其财务报表、审计报告、税务记录等。必要时，可以聘请专业的财务顾问进行协助。

（2）选择合适的估值方法和支付方式：并购方应根据目标企业的实际情况和市场环境选择合适的估值方法和支付方式。在估值过程中，应保持谨慎和客观的态度，避免估值过高导致财务压力过大。

（3）制订合理的融资计划并拓宽融资渠道：并购方应根据自身的财务状况和并购需求制订合理的融资计划。同时，应积极拓宽融资渠道，包括银行贷款、股权融资、债券发行等，以确保并购资金的及时到位并降低融资成本。

（三）经营风险

经营风险是指在并购后整合过程中因市场变化、管理不善等原因导致目标企业经营业绩下滑的风险。这种风险可能导致并购方无法实现预期的协同效应并面临经济损失。

1. 经营风险的来源

（1）市场变化：并购交易完成后，市场环境可能发生变化，如竞争对手的崛起、消费者需求的转变等。这些变化可能影响目标企业的市场地位和竞争优势。

（2）管理不善：并购方在整合过程中可能面临管理冲突、人才流失等问题，导致目标企业的经营管理受到严重影响。

（3）未来发展潜力不足：如果目标企业在并购前已经处于衰退期或缺乏核心竞争力，那么并购后可能难以实现预期的协同效应和增长潜力。

2. 经营风险的管理措施

（1）深入分析目标企业的市场地位和竞争优势：在并购交易前，并购方应对目标企业的市场地位、竞争优势和未来发展潜力进行深入分析。这将有助于并购方制订合理的整合计划和经营策略。

（2）制订详细的整合计划并派驻专业管理团队：并购方应根据目标企业的实际情况制订详细的整合计划，包括组织架构调整、人员安置、业务整合等方面。同时，应派驻专业的管理团队负责整合工作的实施和监督。

（3）密切关注市场动态和竞争对手的变化：在整合过程中，并购方应密切关注市场动态和竞争对手的变化，及时调整经营策略以保持竞争优势。此外，还应加强与目标企业员工的沟通和交流，确保整合过程的顺利进行。

（四）整合风险

整合风险是指在并购后整合过程中因文化差异、管理冲突等原因导致整合失败的风险。这种风险可能导致并购方无法实现预期的协同效应并面临组织内部的混乱和不稳定。

1. 整合风险的来源

（1）文化差异：并购方和目标企业可能来自不同的国家和地区，拥有不同的文化背景和价值观。这种文化差异可能导致双方在整合过程中产生摩擦和冲突。

（2）管理冲突：并购方和目标企业在管理模式、经营理念等方面可能存在差异，导致整合过程中产生管理冲突。这种冲突可能影响整合工作的顺利进行并降低员工的士气和工作效率。

2. 整合风险的管理措施

（1）深入了解目标企业的文化和管理模式：在并购交易前，并购方应对目标企业的文化和管理模式进行深入了解。这将有助于并购方制订合理的整合计划并预测可能的文化冲突和管理问题。

（2）制订周密的整合计划并注重与目标企业员工的沟通和交流：并购方应根据目标企业的实际情况制订周密的整合计划，包括文化融合、管理制度统一等方面。同时，应注重与目标企业员工的沟通和交流，确保他们能够理解和接受整合计划并积极参与其中。

（3）注重企业文化的融合和管理制度的统一：在整合过程中，并购方应注重企业文化的融合和管理制度的统一。通过培训和交流等方式促进双方员工的相互了解和信任，形成共同的发展愿景和价值观。同时，应对管理制度进行梳理和调整，确保双方在管理制度上的一致性和协同性。

第三节　并购后的整合与价值创造

一、战略整合

并购后的战略整合是确保并购双方实现业务协同、资源配置优化、组织结构调整、管理模式对接以及企业文化融合的关键步骤。通过战略整合，可以形成统一的战略方向和发展目标，提升企业的整体竞争力和市场地位。

（一）业务协同与资源配置

业务协同是并购后整合的核心目标之一。通过深入分析并购双方的业务特点和优势，可以识别出潜在的协同效应和互补性。在此基础上，重新配置资源，包括资产、技术、品牌、渠道等，以实现业务的高效协同和资源共享。这不仅可以降低成本、提高效率，还可以拓展新的市场机会和收入来源。

（二）组织结构调整与管理模式对接

并购后，企业的组织结构和管理模式可能需要进行相应的调整。这包括合并或撤销重复的部门、优化管理层级和决策流程、建立统一的管理制度和标准等。通过组织结构调整和管理模式对接，可以形成更加高效、灵活和协同的组织架构，提升企业的整体运营效率和响应速度。

（三）企业文化融合与价值观统一

企业文化是企业的灵魂和核心竞争力的重要组成部分。并购后，不同企业之间的文化差异可能导致员工之间的摩擦和冲突。因此，需要积极推动企业文化的融合和价值观的统一。这可以通过加强员工之间的交流和沟通、举办文化活动、制定共同的行为准则和价值观等方式实现。企业文化融合和价值观统一可以增强员工的归属感和凝聚力，提升企业的整体形象和品牌价值。

二、运营整合

运营整合是并购后整合的重要组成部分，涉及供应链、营销网络、研发资源等多个方面。通过运营整合，可以实现运营协同和效率提升，降低成本，提高市场竞争力。

（一）供应链整合与优化

供应链整合是并购后运营整合的重要环节。通过整合双方的供应链资源，包括供应商、库存、物流等，可以实现采购协同、库存共享和物流优化。这不仅可以降低采购成本、提高库存周转率，还可以提升供应链的灵活性和响应速度，更好地满足市场需求。

（二）营销网络整合与品牌建设

营销网络整合是并购后提升市场竞争力的重要手段。通过整合双方的营销渠道、销售团队和客户资源，可以扩大市场份额、提高品牌知名度。同时，加强品牌建设也是提升市场竞争力的重要途径。通过统一品牌形象、加强品牌宣传和推广，可以提升品牌的认知度和忠诚度，增强企业的市场竞争力。

（三）研发资源整合与技术创新

研发资源整合是并购后提升技术创新能力的重要途径。通过整合双方的研发资源、技术团队和知识产权，可以形成更加强大的研发实力和技术创新能力。同时，积极推动技术创新也是提升企业核心竞争力的关键。通过加大研发投入、开展技术合作和引进先进技术等方式，可以不断推出新产品和新技术，满足市场需求并引领行业发展。

三、财务整合

财务整合是并购后整合的重要组成部分，涉及财务体系、资金管理和业绩评价等多个方面。通过财务整合，可以实现财务协同和风险控制，提高企业的财务稳健性和盈利能力。

（一）财务体系对接与标准化

并购后需要对双方的财务体系进行对接和标准化处理。这包括统一会计科目、核算方法和报表格式等，确保财务信息的准确性和可比性。同时，建立完善的财务管理制度和内部控制体系也是保障财务信息真实可靠的重要手段。通过财务体系对接和标准化处理，可以为企业的决策提供准确、及时的财务信息支持。

（二）资金集中管理与风险控制

资金集中管理是并购后提高资金使用效率和降低财务风险的重要手段。通过建立统一的资金管理平台、优化资金调度和配置流程等方式，可以实现资金的集中管理和有效监控。同时，加强风险控制也是保障企业资金安全的关键。通过建立完善的风险管理制度、加强风险识别和评估等方式，可以及时发现和应对潜在的财务风险，确保企业的稳健运营。

（三）业绩评价与激励机制设计

并购后需要对双方的业绩进行全面评价和考核，并根据考核结果设计相应的激励机制。这可以激发员工的积极性和创造力，提高企业的整体业绩和市场竞争力。同时，建立公平、公正、透明的激励机制也是保障员工权益和企业稳定发展的重要手段。

四、人力资源整合

人力资源整合是并购后整合的关键环节之一，涉及人才保留、团队融合、培训与发展等多个方面。通过人力资源整合，可以激发员工的潜力、提升团队的凝聚力和执行力，为企业的持续发展提供有力保障。

（一）人才保留与激励

并购后需要采取积极的人才保留措施，确保关键岗位和核心人才的稳定。这可以通过提供具有竞争力的薪酬福利、制定明确的职业发展规划和晋升机会等方式实现。同时，建立有效的激励机制也是激发员工积极性和创造力的重要手段。通过设立奖金、股权激励等多样化的激励方式，可以引导员工为企业的发展贡献智慧和力量。

（二）团队融合与沟通

并购后需要加强团队之间的融合和沟通，打破原有的组织壁垒和隔阂。这可以通过举办团队建设活动、加强跨部门沟通和协作等方式实现。同时，积极倡导开放、包容、合作的企业文化也是促进团队融合和沟通的重要途径。通过加强团队融合和沟通，可以形成更加紧密、高效的团队协作关系，提升企业的整体执行力和竞争力。

（三）培训与发展计划

并购后需要制订全面的培训与发展计划,提升员工的专业技能和综合素质。这可以根据员工的岗位需求和个人特点制订个性化的培训计划,包括内部培训、外部培训、在线学习等多种形式。同时，鼓励员工参加行业交流、专业认证等也是提升员工专业素养的重要途径。通过培训与发展计划的实施，可以不断提升员工的能力和素质，为企业的持续发展提供有力的人才保障。

第四节　案例分析：并购案例的成败分析

一、成功案例

（一）案例选择与背景介绍

在科技行业中，一个典型的成功并购案例是谷歌（Google）收购安卓（Android）公司。这一并购案例不仅展示了科技巨头如何通过收购创新型企业来增强其市场竞争力，还突显了双方在战略、技术和市场上的高度协同性。

谷歌作为全球领先的互联网科技公司，一直在寻求扩展其业务范围并巩固其在移动市场的地位。安卓则是一家专注于移动操作系统开发的创新型企业，其开源的操作系统在市场上获得了广泛的认可和应用。并购背景中，移动互联网的兴起使得操作系统成为科技巨头争夺的焦点，谷歌看到了安卓在移动操作系统领域的巨大潜力，并决定通过收购来加快其在移动市场的发展步伐。

并购目的是明确的，谷歌希望通过收购安卓来增强其移动操作系统的研发能力，扩大市场份额，并应对来自苹果 iOS 等竞争对手的挑战。并购过程经过精心策划和谈判，最终谷歌成功收购了安卓，并将其整合到自身的业务体系中。

（二）成功因素分析

1. 战略定位

谷歌收购安卓的成功首先归功于双方在战略上的高度契合。谷歌作为互联网搜索和广告的领导者，需要确保其在移动互联网时代的领先地位。安卓的开源操作系统为谷歌提供了一个进入移动市场的有力跳板，使其能够与苹果 iOS 等竞争对手抗衡。通过收购安卓，谷歌不仅获得了一个成熟的移动操作系统平台，还获得了大量的开发者和用户基础，为其在移动市场的扩展奠定了坚实的基础。

2. 交易结构

并购交易的条款设计、支付方式和估值合理性对于确保双方利益最大化至关重要。谷歌在收购安卓时采用了合理的支付方式，并对安卓进行了合理的估值。通过精心的交易结构设计，谷歌确保了并购交易的顺利进行，并在最大限度地保护了自身的利益。此外，谷歌还通过与安卓创始人和关键员工的股权激励计划等手段，激励他们继续为并购后的公司做出贡献。

3. 整合能力

并购后的整合能力是决定并购成功与否的关键因素之一。谷歌在收购安卓后展现了出色的整合能力，包括业务整合、人员整合和文化整合等方面。谷歌保留了安卓团队的独立性和创新精神，同时将其整合到自身的研发体系中，实现了资源的共享和协同效应。通过有效的整合，谷歌成功地将安卓打造成为全球最受欢迎的移动操作系统之一，并在移动市场上取得了巨大的成功。

（三）启示与借鉴意义

谷歌收购安卓的成功案例为其他企业提供了宝贵的启示和借鉴意义。首先，企业在制定并购策略时应明确自身的战略目标和市场需求，选择具有战略契合度和市场潜力的目标企业进行收购。其次，在交易结构设计和估值过程中应注重合理性和公平性，确保双方利益的最大化。最后，在并购后的整合过程中应注重业务、人员和文化的整合，实现资源的共享和协同效应，从而推动并购后的公司取得更大的成功。

此外，谷歌收购安卓的案例还强调了创新在并购中的重要性。安卓作为一家创新型企业，其开源的操作系统为谷歌带来了巨大的竞争优势。这启示了其他企业在并购过程中应注重目标企业的创新能力和技术优势，通过并购来增强自身的创新能力和市场竞争力。

二、失败案例

（一）案例选择与背景介绍

在众多并购案例中，不乏一些传统企业试图通过并购进入新领域但最终失败的例子。本文选取了一个典型的失败案例——某传统制造企业 A 公司试图通过并购一家高科技企业 B 公司来进入新兴科技领域，但最终未能实现预期目标。

A 公司是一家拥有悠久历史和稳定市场份额的传统制造企业，主要生产和销售传统工业产品。然而，随着科技的快速发展和市场竞争的加剧，A 公司意识到需要转型和升级，以应对未来的挑战。于是，A 公司决定通过并购一家高科技企业来加快转型步伐。

B 公司是一家专注于新兴科技领域的高科技企业，拥有先进的技术和创新能力，但市场份额相对较小，缺乏足够的资金支持来扩大业务。A 公司看中了B 公司的技术实力和市场潜力，认为通过并购 B 公司可以快速进入新兴科技领域，并实现技术和市场的双重突破。

并购过程经过了一系列的谈判和协商，最终 A 公司以较高的溢价收购了 B 公司。然而，在并购后的整合过程中，A 公司遇到了诸多困难和挑战，最终未能实现预期目标，导致并购失败。

（二）失败原因分析

1. 估值失误

在并购过程中，A 公司对 B 公司的估值过高，未能充分考虑 B 公司的实际价值以及潜在的风险。这主要是由于 A 公司对新兴科技领域的了解不足，对 B 公司的技术实力和市场潜力过于乐观的估计。同时，A 公司在估值过程中可能受到了投资银行、评估机构等外部因素的影响，导致估值偏离了实际。

这种估值失误对并购结果产生了深远的影响。首先，过高的估值使 A 公司支付了过高的溢价，增加了并购成本。其次，过高的估值可能导致 A 公司在并购后的整合过程中面临更大的财务压力，无法为 B 公司提供足够的资金支持。最后，过高的估值还可能使 A 公司在面对市场竞争时处于不利地位，因为过高的成本可能使其产品价格缺乏竞争力。

2. 整合不力

并购后的整合是并购成功的关键。然而，在这个案例中，A 公司在整合过程中遇到了诸多困难。首先，A 公司和 B 公司在业务、文化和管理等方面存在较大的差异，这使得双方在整合过程中产生了诸多摩擦和冲突。其次，A 公司缺乏对新兴科技领域的了解和管理经验，无法有效地整合 B 公司的技术和市场资源。最后，A 公司在整合过程中未能建立起有效的沟通机制和决策体系，导致整合进程缓慢且效率低下。

整合不力对并购结果产生了严重的影响。首先，整合不力可能导致 B 公司的技术和市场资源无法得到有效的利用和开发，无法实现预期的市场拓展和技术突破。其次，整合不力可能导致 A 公司和 B 公司之间的协同效应无法发挥，无法实现资源的共享和优势互补。最后，整合不力还可能使 A 公司在面对市场竞争时处于不利地位，因为无法形成统一的市场战略和营销策略。

3. 市场变化

在并购过程中和并购后，市场环境的变化对并购结果产生了重要的影响。首先，竞争对手的策略调整可能使 A 公司面临更大的市场竞争压力。例如，竞争对手可能通过加强技术创新、扩大市场份额等手段来增强自身的竞争力，这使 A 公司在市场上处于不利地位。其次，政策变化可能使 A 公司面临更大的法律和政策风险。例如，政府可能出台更加严格的环保政策、安全标准等，这使 A 公司在生产和销售过程中面临更大的挑战。最后，市场需求的变化可能使 A 公司的产品无法满足消费者的需求。例如，消费者可能更加倾向于购买环保、节能的产品，这使 A 公司的传统产品面临被市场淘汰的风险。

市场变化对并购结果的影响是显而易见的。首先，市场变化可能导致 A 公司的市场份额和盈利能力下降，无法实现预期的市场拓展和盈利目标。其次，市场变化可能导致 A 公司的技术和产品无法适应市场的需求和发展趋势，面临被市场淘汰的风险。最后，市场变化还可能使 A 公司在面对市场竞争时处于不利地位，因为无法及时调整市场战略和营销策略来应对市场的变化。

（三）教训与反思

这个失败案例给我们带来了深刻的教训和反思。首先，企业在制定并购策略时应充分考虑到目标企业的实际价值以及潜在的风险，避免估值过高导致并购成本过高和财务风险加大。其次，企业在并购后的整合过程中应注重业务、文化和管理等方面的整合，建立起有效的沟通机制和决策体系，确保整合进程的顺利进行并实现预期的协同效应。最后，企业在面对市场变化时应保持敏锐的市场洞察力和灵活的市场应变能力，及时调整市场战略和营销策略来应对市场的挑战和机遇。

此外，这个失败案例还提醒我们在未来并购活动中应注意以下几点：一是要加强对目标企业的尽职调查和价值评估工作，确保估值的合理性和准确性；

二是要注重并购后的整合工作，包括人员整合、业务整合和文化整合等方面；三是要密切关注市场环境的变化和竞争对手的动态，及时调整市场战略和营销策略来保持市场竞争优势；四是要建立起完善的风险管理体系和应对措施来应对可能出现的风险和挑战。

三、案例对比与总结

（一）成功与失败案例的对比分析

在并购领域，成功与失败的案例各有其独特之处，但也存在一些共性和差异。通过对比分析这些案例，我们可以更深入地理解并购的复杂性和挑战性，并从中汲取宝贵的经验教训。

1. 战略定位的差异

成功案例往往具有明确的战略定位，并购双方在市场定位、技术互补等方面具有高度协同性。这种协同性不仅有助于提升并购后的市场竞争力，还能实现资源共享和优势互补。相比之下，失败案例往往缺乏明确的战略定位或战略契合度不足，导致并购后难以实现预期的市场拓展和盈利目标。

2. 交易结构的合理性

成功案例在交易结构的设计上通常更加合理和灵活，能够充分考虑到双方的利益诉求和市场环境的变化。合理的交易结构有助于确保并购过程的顺利进行，降低交易成本和风险。而在失败案例中，交易结构的设计往往存在缺陷，如支付方式不合理、估值过高等，这些问题可能导致并购过程中的财务风险加大，甚至导致并购失败。

3. 整合能力的重要性

无论是成功案例还是失败案例，整合能力都是决定并购成功与否的关键因素之一。在成功案例中，并购方通常具备强大的整合能力，能够有效地整合双方的业务、人员和文化，实现协同效应和资源共享。而在失败案例中，整合不力往往成为导致并购失败的重要原因之一。整合不力可能导致双方之间的摩擦和冲突加剧，无法实现预期的协同效应和市场拓展目标。

（二）并购中的关键成功因素与风险点识别

通过对比分析成功与失败的案例，我们可以提炼出并购中的关键成功因素和潜在的风险点。

1. 关键成功因素

（1）明确的战略目标：在进行并购前，企业应明确自身的战略目标和并购目的，确保并购活动与企业的长期发展战略相契合。明确的战略目标有助于指导并购过程中的决策和行动，确保并购活动的有效性和针对性。

（2）合理的交易结构：合理的交易结构是确保并购成功的重要基础。企业应充分考虑双方的利益诉求和市场环境的变化，设计出灵活且合理的交易结构，以降低交易成本和风险。

（3）强大的整合能力：整合能力是决定并购成功与否的关键因素之一。企业应重视并购后的整合工作，包括业务整合、人员整合和文化整合等，确保并购后能够实现协同效应和资源共享。强大的整合能力有助于提升并购后的市场竞争力和盈利能力。

2. 风险点识别

（1）估值风险：在并购过程中，对目标企业的估值是一个重要的环节。估值过高可能导致并购成本过高和财务风险加大，而估值过低则可能损害目标企业的利益和积极性。因此，企业应全面、客观地评估目标企业的价值，确保估值的合理性。

（2）整合风险：整合风险是并购过程中常见的风险之一。由于双方在业务、文化和管理等方面存在差异，整合过程中可能产生摩擦和冲突，导致整合不力或失败。因此，企业应重视整合过程中的沟通和协调工作，建立起有效的沟通机制和决策体系，确保整合进程的顺利进行。

（3）市场风险：市场风险是并购过程中不可忽视的风险因素。市场环境的变化、竞争对手的策略调整以及政策变化等都可能对并购结果产生重要影响。因此，企业应密切关注市场环境的变化和竞争对手的动态，及时调整市场战略和营销策略来应对市场的挑战和机遇。

（三）对未来并购活动的启示与建议

基于上述分析，我们对未来并购活动提出以下建议。

（1）明确战略目标：企业在进行并购前应明确自身的战略目标和并购目的，确保并购活动与企业的长期发展战略相契合。同时，还应对目标企业进行全面的尽职调查和价值评估，以确保并购活动的针对性和有效性。

（2）合理估值：在并购过程中，企业应全面、客观地评估目标企业的价值，避免估值过高导致的风险。同时，还应充分考虑到市场环境的变化和竞争对手的动态等因素对估值的影响。

（3）强化整合能力：整合能力是决定并购成功与否的关键因素之一。因此，企业应重视并购后的整合工作，包括业务整合、人员整合和文化整合等。在整合过程中，应建立起有效的沟通机制和决策体系，确保整合进程的顺利进行并实现预期的协同效应和资源共享目标。

（4）关注市场变化：在并购过程中和并购后，企业应密切关注市场环境的变化和竞争对手的动态，及时调整市场战略和营销策略来应对潜在的市场风险。同时，还应加强与政府部门和相关机构的沟通协调工作，以获取更多的政策支持和市场机遇。

第五章 企业资本运作中的风险管理

第一节 风险管理的概念与原则

一、风险管理的概念

风险管理，作为企业经营管理中的核心环节，是指企业在面对不确定性因素时，通过系统的方法识别、评估、控制和监控风险，旨在以最小的成本获得最大的安全保障的一种管理活动。它不仅关注风险的防范和控制，更强调在风险与收益之间寻找最佳的平衡点，以实现企业的长期稳定发展。

在现代企业中，风险无处不在，无时不有。无论是市场风险、信用风险、操作风险，还是法律风险、流动性风险等，都可能对企业的经营成果和财务状况产生重大影响。因此，风险管理的重要性不言而喻。通过有效的风险管理，企业不仅可以降低风险发生的概率和影响程度，还可以提高资源的利用效率，增强企业的竞争力和可持续发展能力。

风险管理的过程是一个动态循环的过程，包括风险的识别、评估、控制和监控等环节。其中，风险识别是风险管理的第一步，它要求企业全面、准确地识别出可能面临的各种风险；风险评估是对识别出的风险进行量化和定性分析，以确定风险的性质和大小；风险控制是在评估的基础上，采取各种措施和方法来降低或消除风险；风险监控则是对风险控制的效果进行持续跟踪和评估，以确保风险管理的有效性。

二、风险管理的原则

（一）全面性原则

全面性原则是风险管理的基础原则之一。它要求企业在风险管理过程中，应涵盖所有业务领域和流程，确保无遗漏。这包括企业的战略决策、业务运营、财务管理、人力资源等各个方面。只有全面识别和管理风险，才能确保企业的稳健经营和持续发展。

为了实现全面性原则，企业需要建立完善的风险管理体系，包括风险管理制度、流程、组织架构和信息系统等。同时，还需要加强全员风险管理意识和培训，提高员工对风险的敏感性和应对能力。此外，企业还应定期对风险管理工作进行全面检查和评估，以确保风险管理的全面性和有效性。

（二）重要性原则

重要性原则是指企业在风险管理过程中，应重点关注对企业经营目标实现有重大影响的风险。由于企业面临的风险种类繁多，不同风险对企业的影响程度和发生概率也不同。因此，企业需要根据自身的实际情况和经营目标，对风险进行分类和排序，优先关注那些对企业影响重大、发生概率较高的风险。

在实践中，企业可以通过风险评估工具和方法来确定风险的重要性和优先级。例如，可以采用定性和定量相结合的方法对风险进行评估和排序，以确定哪些风险需要重点关注和应对。同时，企业还应建立健全重大风险预警机制和应急预案，以便在重大风险发生时能够及时应对和处理。

（三）制衡性原则

制衡性原则是指在风险管理过程中，应实现权力与责任的平衡，确保决策的科学性和有效性。在企业中，风险管理往往涉及多个部门和岗位之间的协作和配合。如果权力过于集中或责任不清，就可能导致决策失误、执行不力等问题。因此，制衡性原则要求企业在风险管理过程中建立明确的职责分工和制衡机制。

具体来说，企业需要明确各部门和岗位在风险管理中的职责和权限，建立相互制约、相互监督的工作机制。同时，还应加强内部审计和监察工作，对风险管理决策和执行情况进行监督和评估。此外，企业还应建立健全激励机制和问责机制，对风险管理工作成效显著的部门和个人给予奖励和表彰；对失职渎职、造成重大损失的部门和个人进行追责和问责。

（四）适应性原则

适应性原则是指风险管理应随企业内外部环境的变化而调整，保持灵活性和适应性。由于企业面临的风险是不断变化的，因此风险管理策略和方法也需要不断调整和优化。如果企业固守旧有的风险管理模式和方法，就可能无法适应新的风险挑战和市场环境。

为了实现适应性原则，企业需要密切关注市场动态和政策法规的变化，及时调整和完善风险管理策略和方法。同时，还应加强风险管理的创新和研究工作，积极探索新的风险管理工具和技术手段。此外，企业还应加强与其他企业和机构的合作和交流，共同应对风险挑战和市场变化。

（五）成本效益原则

成本效益原则是指在风险管理过程中，应权衡成本与收益，确保风险管理的经济性。虽然风险管理对于企业的稳健经营和持续发展具有重要意义，但过度的风险管理也可能导致企业资源的浪费和成本的增加。因此，企业需要在风险管理与成本之间找到最佳的平衡点。

为了实现成本效益原则，企业需要对风险管理的投入和产出进行科学的分析和评估。具体来说，可以采用定性和定量相结合的方法对风险管理的成本效益进行分析和评估。同时，还应加强风险管理与业务发展的协同配合，确保风险管理活动与企业的战略目标和发展规划相一致。此外，在制定风险管理策略和方法时，还应充分考虑企业的实际情况和资源条件，选择最适合自身的风险管理方案。

第二节　资本运作中的风险识别与评估

一、风险识别

在资本运作过程中，企业面临着多种风险，这些风险可能对企业的财务状况、经营成果甚至生存产生重大影响。因此，有效地识别这些风险是资本运作成功的关键。以下是对资本运作中主要风险的详细介绍。

（一）市场风险

市场风险是指由于市场因素（利率、汇率、股价等）的波动而带来的风险。在资本运作中，市场风险尤为突出，因为资本运作往往涉及大量的资金流动和复杂的金融市场操作。例如，企业在进行股票发行、债券发行或外汇交易时，都可能面临市场风险。利率的上升可能导致企业融资成本增加，汇率的波动可能导致企业外汇损失，而股价的下跌则可能影响企业的市值和投资者信心。

为了有效应对市场风险，企业需要密切关注市场动态，及时掌握各类市场信息，并建立完善的市场风险管理体系。这包括制定明确的市场风险管理策略、建立专门的市场风险管理团队，以及运用先进的市场风险管理工具和技术。

（二）信用风险

信用风险是指交易对手违约或无法履行合约义务而带来的风险。在资本运作中，企业经常需要与其他企业、金融机构或个人进行合作和交易，这就涉及信用风险的问题。如果交易对手出现违约行为，可能导致企业面临资金损失、业务中断甚至法律纠纷等严重后果。

为了降低信用风险，企业需要对交易对手进行全面的信用调查和评估，确保其具有良好的信用记录和履约能力。同时，企业还应建立完善的信用风险管理制度，包括对交易对手的定期信用评级、设置信用额度限制以及建立风险准备金等。

（三）操作风险

操作风险是指由于内部流程、人为错误或系统故障等原因导致的风险。在资本运作中，操作风险可能表现为交易错误、资金清算失误、信息披露违规等形式。这些错误和失误可能给企业带来重大损失，甚至影响企业的声誉和市场地位。

为了防范操作风险，企业需要建立完善的内部控制体系，确保各项业务流程和操作规范得到严格执行。同时，企业还应加强对员工的培训和教育，提高员工的业务素质和风险意识。此外，运用先进的技术手段和系统工具也可以有效降低操作风险的发生概率。

（四）法律风险

法律风险是指因法律法规变化或合规性问题而引发的风险。在资本运作中，企业需要遵守各种法律法规和监管要求，如公司法、证券法、税法等。如果企业违反了相关法律法规或监管要求，可能面临罚款、吊销营业执照等严重后果。

为了应对法律风险，企业需要建立完善的法律合规体系，确保各项业务活动符合法律法规和监管要求。这包括设立专门的法律合规部门、制定详细的合规政策和程序以及定期进行合规检查和审计等。

（五）流动性风险

流动性风险是指企业在面临资金短缺时，无法以合理成本及时获得资金的风险。在资本运作中，流动性风险可能导致企业无法按时履行合约义务、错失市场机会或陷入财务困境等后果。流动性风险可能由多种因素引发，如市场流动性不足、企业信用评级下降或融资渠道受限等。

为了管理流动性风险，企业需要制定合理的流动性管理策略，包括保持适当的现金储备、优化债务结构、拓展融资渠道以及建立流动性风险预警机制等。同时，企业还应密切关注市场动态和自身财务状况的变化，及时调整流动性管理策略以应对潜在风险。

二、风险评估

在识别了资本运作中的各类风险后，企业需要对这些风险进行评估，以确定其对企业的影响程度和发生概率。风险评估是制定风险应对策略和措施的基础。以下是对风险评估的详细论述。

（一）定性评估

定性评估是指通过专家判断、经验分析等方法对风险进行初步评估。这种方法主要依赖于专家的知识和经验，以及对企业内外部环境的深入了解。定性评估可以对风险的影响程度、发生概率和紧迫性进行初步判断，并为后续的定量评估提供基础。

在进行定性评估时，企业需要组建由相关领域专家组成的评估团队，并收集与风险相关的各种信息和数据。评估团队可以通过讨论、分析、比较等方式对风险进行初步评估，并形成书面的评估报告。评估报告应详细描述风险的性质、影响范围、发生概率以及可能的应对措施等。

（二）定量评估

定量评估是指运用数学模型、统计分析等工具对风险进行量化评估，确定风险的大小和概率。与定性评估相比，定量评估更加客观、准确和可比。通过定量评估，企业可以更加精确地了解风险的实际状况，为制定有针对性的风险应对策略提供有力支持。

在进行定量评估时，企业需要选择合适的数学模型和统计分析方法，并收集与风险相关的历史数据和实时数据。然后，运用这些数据和模型对风险进行量化分析，计算出风险的大小、概率以及可能的损失程度等。最后，根据定量评估的结果制定相应的风险应对策略和措施。

需要注意的是，定量评估虽然具有客观性和准确性等优势，但也存在一定的局限性。例如，某些风险可能难以量化或缺乏足够的历史数据进行统计分析。因此，在实际应用中，企业需要结合定性评估和定量评估的结果进行综合判断，以确保风险评估的全面性和准确性。同时，企业还应定期对风险评估结果进行审查和更新，以应对内外部环境的变化和新的风险挑战。

第三节　风险应对策略与措施

一、风险预防策略

在风险管理中，预防策略是首要且持续的任务，其目标是在风险事件发生之前，通过一系列措施降低其发生的概率。以下是具体的预防策略。

（一）完善内部控制体系

内部控制体系是企业风险管理的基石。建立健全的内部控制制度，不仅能规范业务流程和操作行为，还能有效识别和防范潜在风险。企业应从以下几个方面完善内部控制体系。

（1）明确内部控制目标：确保企业资产安全、财务信息真实完整、业务活动合规有效。

（2）制定内部控制制度：包括财务管理、人事管理、业务操作等方面的规章制度，确保各项业务流程有章可循。

（3）设立内部控制机构：如内部审计部门、风险管理委员会等，负责内部控制制度的执行和监督。

（4）定期评估和改进：对内部控制制度的执行情况进行定期评估，及时发现和解决问题，不断完善和改进内部控制体系。

（二）加强员工培训

员工是企业风险管理的关键因素。提高员工的风险意识和业务技能，对于降低人为错误率、防范潜在风险具有重要意义。企业应从以下几个方面加强员工培训。

（1）增强风险意识教育：通过定期举办风险管理讲座、培训等活动，提高员工对风险的认识和重视程度。

（2）提升业务技能：针对员工的岗位需求和技能水平，制订个性化的培训计划，提升员工的业务操作能力和风险防范能力。

（3）建立激励机制：将员工的培训成果与绩效考核、晋升等挂钩，激励员工积极参与培训和学习。

（三）建立风险预警机制

风险预警机制是企业及时识别和防范潜在风险的重要手段。通过定期监测和分析，企业可以及时发现潜在风险，并采取措施进行防范。建立风险预警机制应从以下几个方面入手。

（1）确定风险预警指标：根据企业的实际情况和业务特点，选择合适的风险预警指标，如财务指标、市场指标、运营指标等。

（2）建立监测体系：利用信息技术手段，建立风险监测体系，对各项预警指标进行实时监测和分析。

（3）制定预警响应机制：当监测到潜在风险时，企业应迅速启动预警响应机制，采取相应措施进行防范和应对。同时，还应对预警响应机制进行定期测试和改进，确保其有效性。

二、风险应对策略

尽管企业采取了各种预防措施来降低风险的发生概率，但仍无法完全避免风险的发生。因此，企业还需要制定应对策略来应对已经发生的风险事件。以下是具体的应对策略。

（一）风险规避

风险规避是企业对于某些无法承受或无法控制的风险所采取的一种策略，即选择放弃或退出相关业务领域，以避免潜在损失并保护企业的核心业务。

1. 评估风险影响与承受能力

在决定规避风险之前，企业需要对该风险进行全面评估，包括风险发生的概率、影响程度以及持续时间等。同时，企业还需要充分评估自身的风险承受能力，包括财务状况、资源配置、管理能力等。通过对比风险影响与承受能力，企业可以判断是否需要采取规避策略。

2. 制订退出计划

一旦决定规避风险，企业需要制订详细的退出计划。这包括确定退出的时间节点、方式以及可能产生的成本等。退出计划需要充分考虑企业的实际情况和市场环境，以确保退出过程的顺利进行并最小化损失。

3. 调整业务战略

在规避风险的同时，企业还需要调整业务战略以适应新的市场环境。这可能涉及重新定位目标客户、优化产品组合、拓展新的销售渠道等。通过调整业务战略，企业可以更好地应对风险带来的挑战并寻找新的发展机遇。

（二）风险降低

当企业决定继续承担某些风险时，可以采取措施来降低风险发生的概率和影响程度。这不仅可以减轻企业的风险负担，还可以提升企业的整体竞争力。

1. 优化业务流程

企业可以通过优化业务流程来降低风险。这包括简化流程、减少不必要的环节、提高自动化水平等。通过优化业务流程，企业可以提高工作效率、减少人为错误并降低运营成本，从而降低风险发生的概率。

2. 改进产品设计

产品设计是影响产品质量和用户体验的关键因素。企业可以通过改进产品设计来降低产品缺陷率和召回风险。这包括提高产品的可靠性、安全性、易用性等。通过改进产品设计，企业可以提升产品质量和用户满意度，从而降低因产品问题引发的风险。

3. 加强合作伙伴的选择和管理

合作伙伴的选择和管理对于企业的业务发展至关重要。企业可以通过加强合作伙伴的筛选、评估和监控来降低合作风险。这包括选择具有良好信誉和实力的合作伙伴、建立合理的合作机制和利益分配机制等。通过加强合作伙伴的选择和管理，企业可以确保合作的顺利进行并降低因合作问题引发的风险。

（三）风险转移

风险转移是企业通过购买保险、签订合约等方式将部分风险转移给第三方承担的一种策略。这可以减轻企业的风险负担并保护企业的利益。

1. 购买保险

企业可以通过购买保险来转移部分风险。保险公司可以为企业提供财产损失、人身伤害、责任风险等方面的保障。当风险发生时，保险公司将按照合同约定承担赔偿责任，从而减轻企业的经济损失。在购买保险时，企业需要充分了解保险产品的保障范围、赔偿限额以及除外责任等条款，以确保购买的保险产品符合企业的实际需求。

2. 签订合约

企业还可以通过签订合约的方式将部分风险转移给合作伙伴或第三方机构。例如，在供应链管理中，企业可以与供应商签订长期稳定的供货合同，并约定在供应商违约时承担相应的赔偿责任。这样可以将供货不稳定的风险转移给供应商承担。在签订合约时，企业需要明确双方的权利和义务、违约责任以及争议解决方式等条款，以确保合约的合法性和有效性。

（四）风险承受

对于某些可承受且预期收益较高的风险，企业可以选择自行承担并制定相应的应对措施。这需要企业具备较强的风险承受能力和应对能力。

1. 建立风险储备金

企业可以建立风险储备金来应对可能发生的风险事件。风险储备金是企业为应对未来不确定性而提前储备的资金或资源。当风险发生时，企业可以使用风险储备金来弥补经济损失或支持业务恢复。通过建立风险储备金，企业可以增强自身的风险承受能力并保障业务的稳健运营。

2. 制订应急预案

为了应对可能发生的风险事件，企业需要制订详细的应急预案。应急预案应包括风险事件的识别、评估、处置和恢复等环节，并明确各部门和人员在应急预案中的职责和权限。通过制订应急预案，企业可以在风险发生时迅速做出反应并采取有效措施进行控制和处理，从而减轻风险带来的负面影响并保障业务的正常运营。

3. 提升风险管理能力

为了更好地应对风险承受策略带来的挑战，企业需要不断提升自身的风险管理能力。这包括加强风险管理制度建设、完善风险管理流程、提高风险管理人员的专业素质和技能水平等。通过提升风险管理能力，企业可以更加有效地识别、评估和控制风险，并制定相应的应对措施来保障业务的稳健发展。

第四节　案例分析：风险管理的成功实践

一、案例选择背景与目的

在当今复杂多变的商业环境中，企业资本运作风险管理显得尤为重要。成功的风险管理实践不仅能够帮助企业规避潜在风险，还能提升企业的竞争力和市场地位。因此，本节选取具有代表性的企业资本运作风险管理成功案例进行分析，旨在总结提炼成功经验和做法，为其他企业提供借鉴和参考。

通过深入分析这些成功案例，我们可以发现一些共性和创新点，从而更好地理解风险管理的本质和要求。同时，这些案例还能为我们提供宝贵的实践经验和教训，帮助我们在未来的风险管理工作中更加得心应手。

二、案例描述与分析

（一）案例企业基本情况

本节选取的案例企业是一家在全球范围内享有盛誉的大型跨国公司。该公司凭借其多年的资本运作经验和卓越的风险管理能力，在业界树立了良好的标杆。其业务遍布世界各地，拥有众多子公司和分支机构，形成了庞大的企业网络。这些子公司和分支机构在各自的领域内均表现出色，为该公司贡献了显著的市场份额和品牌影响力。

作为一家大型跨国公司，该公司不仅具备雄厚的资金实力和技术优势，还拥有一支高素质、专业化的管理团队。这支团队在公司的资本运作和风险管理过程中发挥着至关重要的作用。他们凭借丰富的经验和专业知识，为公司制定了一系列科学、合理的资本运作和风险管理策略，确保了公司的稳健运营和持续发展。

（二）资本运作过程及面临的主要风险

在资本运作过程中，该公司面临着来自多个方面的风险挑战。这些风险主要包括市场风险、信用风险、操作风险、法律风险和流动性风险。每一种风险都可能对公司的运营和财务状况产生重大影响，因此必须予以高度重视和有效管理。

（1）市场风险：市场风险主要源于金融市场的波动和不确定性。汇率和利率的变动可能对公司的资产和负债价值产生直接影响，进而影响公司的盈利能力和财务状况。为了应对市场风险，该公司需要密切关注市场动态，及时调整投资策略和资产组合，以降低潜在损失。

（2）信用风险：信用风险是指交易对手无法按时履行合约义务而给公司带来的损失。这种风险在与其他企业或金融机构进行交易时尤为突出。为了降低信用风险，该公司需要对交易对手进行全面的信用评估，并确保有完善的收款和坏账处理机制。

（3）操作风险：操作风险主要源于公司内部流程的不完善、人为错误或系统故障等因素。这些失误可能导致交易失误、数据泄露或业务中断等严重后果。为了防范操作风险，该公司需要建立完善的内部控制体系，加强员工培训和教育，提高业务操作的准确性和可靠性。

（4）法律风险：法律风险涉及合规性问题和法律法规变化对公司业务的影响。随着全球监管环境的日益严格，公司需要密切关注相关法律法规的变动，并确保所有业务活动都符合法律要求。否则，可能面临罚款、诉讼甚至撤销业务许可等严重后果。

（5）流动性风险：流动性风险是指公司在面临资金短缺时无法以合理成本及时获得所需资金的风险。这种风险可能由市场流动性不足、融资渠道受限或公司自身财务状况恶化等因素引发。为了管理流动性风险，公司需要保持适当的现金储备、优化债务结构并拓展融资渠道以确保在需要时能够及时获得资金支持。

（三）风险管理措施及效果

针对上述风险挑战，该公司采取了一系列有效的风险管理措施并取得了显著效果。这些措施主要包括建立完善的风险识别机制、运用定性和定量评估方法对风险进行全面分析以及制定有针对性的风险应对策略和措施等。

（1）风险识别机制：该公司建立了完善的风险识别机制，通过定期的风险排查和评估及时发现并识别潜在风险。这一机制确保了公司能够在风险发生前或发生时迅速做出反应并采取相应措施进行防范或控制。同时，该机制还促进了公司各部门之间的信息共享和沟通协作，提高了整体的风险管理效率。

（2）风险评估方法：在风险评估方面，该公司运用了定性和定量评估方法相结合的方式对各类风险进行全面、客观的分析和评价。定性评估主要依赖于专家的知识和经验来判断风险的影响程度和发生概率；而定量评估则通过运用数学模型和统计分析工具对风险进行量化处理，为决策提供更为精确的数据支持。这种评估方法的使用使得公司能够更加准确地把握风险状况并制定出更为合理的应对策略。

（3）风险应对策略和措施：根据风险评估结果，该公司制定了有针对性的风险应对策略和措施。这些策略和措施包括建立风险准备金以应对潜在损失、优化债务结构以降低财务风险、拓展融资渠道以确保资金来源的多样性以及加强内部控制和合规管理以降低操作风险和法律风险等。这些策略和措施的实施有效地降低了公司的风险水平并提高了其抵御风险的能力。

（四）成功做法与创新点分析

该公司在风险管理方面的成功做法和创新点主要体现在以下几个方面。

（1）完善的风险管理体系和制度框架：该公司建立了完善的风险管理体系和制度框架，确保了风险管理的全面性和系统性。这一体系包括风险识别、评估、监控和报告等各个环节，并明确了各部门和人员的职责和权限。同时，公司还制定了一系列相关的政策和程序来指导风险管理工作的具体实施，确保了风险管理的规范性和有效性。

（2）注重风险管理的主动性和预防性：该公司注重风险管理的主动性和预防性，通过定期的风险排查和评估及时发现并解决问题。这种主动性的风险管理方式有助于公司在风险发生前或发生时迅速做出反应并采取相应措施进行防范或控制，从而降低了潜在损失的发生概率和影响程度。

（3）运用先进的风险管理技术和工具：为了提高风险管理的效率和准确性，该公司积极运用先进的风险管理技术和工具。这些技术和工具包括风险量化模型、数据分析软件以及人工智能和机器学习等前沿技术。这些技术和工具的应用使得公司能够更加精确地识别、评估和管理风险，提高了风险管理的科学性和有效性。

（4）强化风险管理的文化建设和意识培养：该公司非常注重风险管理的文化建设和意识培养，通过培训、宣传和教育等方式提高全员的风险意识和风险防范能力。这种全员参与、共同防范的风险管理氛围有助于公司在各个层面和环节上都能有效地识别和管理风险，从而确保了公司的稳健运营和持续发展。

三、案例启示与反思

（一）成功经验总结

在对该公司的风险管理成功案例进行深入剖析后，我们可以提炼出若干宝贵的成功经验。这些经验不仅对该公司未来的风险管理具有重要的指导意义，同时也为其他企业提供了可资借鉴的范例。

（1）构建健全的风险管理体系：该公司的成功首先归功于其建立了一套健

全且完善的风险管理体系。这一体系不仅覆盖了风险识别、评估、监控和报告等各个环节，还明确了各部门和人员在风险管理中的职责和权限。通过这套体系，公司能够全面、系统地管理各类风险，确保了风险管理的连续性和一致性。

（2）强调风险管理的预防性和主动性：该公司注重风险管理的预防性和主动性，这也是其成功的关键所在。通过定期的风险排查和评估，公司能够及时发现潜在风险并采取措施予以防范或控制。这种前瞻性的风险管理方式不仅降低了风险发生的概率，还减轻了风险对公司的影响。

（3）运用先进的风险管理技术：该公司在风险管理中积极引入和运用先进的风险管理技术和工具，如风险量化模型、数据分析软件等。这些技术和工具的应用提高了风险管理的效率和准确性，使公司能够更加精确地识别和评估风险，为制定有效的风险应对策略提供了有力支持。

（4）培育全员风险管理文化：该公司非常重视风险管理的文化建设和意识培养。通过培训、宣传和教育等方式，公司成功地在全员中树立了风险防范意识，形成了全员参与、共同防范的风险管理氛围。这种文化不仅增强了员工对风险的敏感性和应对能力，还提升了公司的整体风险管理水平。

（二）教训与反思

尽管该公司在风险管理方面取得了显著的成绩，但我们也应看到其中存在的一些问题和不足。这些问题的存在提醒我们，在风险管理实践中仍需保持清醒的头脑和谨慎的态度。

（1）风险识别存在盲区和漏洞：尽管该公司建立了完善的风险识别机制，但仍可能存在盲区和漏洞。这可能是由于信息收集不全面、反馈机制不畅通或人员技能不足等原因造成的。为了解决这一问题，公司需要进一步加强风险识别的全面性和准确性，建立多渠道、多层次的风险信息收集和反馈机制。

（2）风险评估的主观性和片面性：在风险评估过程中，该公司可能存在主观性和片面性的问题。这可能是由于评估方法不科学、数据来源单一或评估人员的主观偏见等原因导致的。为了克服这一问题，公司需要提高风险评估的客观性和科学性，运用更加先进、全面的评估方法和工具来确保评估结果的准确性和可靠性。

（3）风险应对的滞后性和不足：在风险应对方面，该公司可能存在滞后性和不足的问题。这可能是由于应急预案不完善、危机管理机制不健全或资源调配不及时等原因造成的。为了应对这一问题，公司需要强化风险应对的及时性和有效性，建立完善的风险应对预案和危机管理机制来确保在风险发生时能够迅速做出反应并采取有效措施进行控制。

（三）改进与优化建议

针对上述问题和不足，我们提出以下改进和优化建议来帮助公司进一步提升风险管理水平。

（1）加强风险识别的全面性和准确性：公司应建立多渠道、多层次的风险信息收集和反馈机制来确保信息的全面性和准确性。同时，还应加强对人员的培训和教育来提高他们的风险识别能力和技能水平。通过这些措施，公司可以更加及时、准确地识别出潜在风险并采取措施予以防范或控制。

（2）提高风险评估的客观性和科学性：为了确保风险评估结果的准确性和可靠性，公司应引入更加先进、全面的评估方法和工具来替代传统的主观性评估方法。同时，还应加强对数据来源的审核和筛选来确保数据的真实性和有效性。通过这些措施，公司可以更加客观、科学地对各类风险进行评估和分析。

（3）强化风险应对的及时性和有效性：为了提升风险应对的及时性和有效性，公司应建立完善的风险应对预案和危机管理机制来确保在风险发生时能够迅速作出反应并采取有效措施进行控制。同时，还应加强对资源的调配和管理来确保在应对风险时能够及时调配所需资源并减少资源浪费。通过这些措施，公司可以更加及时、有效地应对各类风险挑战并保障业务的稳健运营。

第六章　企业国际化与资本运作

第一节　企业国际化的背景与动机

一、企业国际化的定义与特点

（一）企业国际化的概念

企业国际化是一个复杂且多维度的过程，它涉及企业跨越国界进行经营活动的各个方面。简而言之，企业国际化可以被定义为企业在全球范围内寻求市场、资源、技术和竞争优势的过程，通过这一过程，企业将其经营活动从国内市场扩展到国际市场。

企业国际化的核心在于利用全球资源和市场机会来增强企业的竞争地位，实现持续增长和盈利。这包括在国际市场上销售产品或服务、采购原材料和零部件、进行跨国投资、建立研发合作关系以及参与国际竞争等。

随着全球化的加速和科技的进步，企业国际化已成为许多企业发展的必然趋势。企业不再局限于国内市场，而是积极寻求国际市场的机会和挑战，以应对日益激烈的全球竞争。

（二）企业国际化的主要特点

（1）市场多元化：企业国际化最显著的特点之一是市场的多元化。企业不再仅仅依赖单一或有限的市场，而是将目光投向全球市场，寻求更多的增长机会。这种多元化不仅体现在产品或服务的销售上，还包括采购、生产、研发等各个环节的国际化布局。

（2）资源全球化配置：随着企业国际化的深入，资源的全球化配置成为关键。企业开始在全球范围内寻找最优质的原材料、技术、人才和资本等资源，以降低成本、提高效率并增强竞争力。这种资源配置方式有助于企业优化供应链、提升产品质量和创新能力。

（3）跨文化管理挑战：企业国际化过程中，跨文化管理成为一个重要的挑战。企业需要面对不同国家和地区的文化差异，包括语言、习俗、价值观、法律法规等。这些差异可能对企业的经营策略、管理模式和团队合作产生深远影响。因此，建立有效的跨文化管理机制和团队成为企业国际化的关键任务之一。

（4）风险与机遇并存：企业国际化既带来了广阔的市场和丰富的资源机遇，也伴随着诸多风险。这些风险包括政治风险、经济风险、汇率风险、法律风险、文化风险等。企业需要具备强大的风险管理和应对能力，以在抓住机遇的同时有效规避或降低风险。

（5）创新驱动发展：在国际化过程中，创新成为企业持续发展的核心动力。企业需要不断进行技术创新、产品创新、市场创新和管理创新等，以适应不断变化的全球市场和竞争环境。通过创新，企业可以打破地域限制、超越竞争对手并赢得市场认可。

（6）合作与竞争并存：在国际市场上，企业既面临激烈的竞争，也有机会寻求广泛的合作。企业可以与全球范围内的合作伙伴建立战略联盟、合资企业、研发合作等关系，以实现资源共享、优势互补和共同发展。同时，企业也需要应对来自全球各地的竞争对手的挑战，不断提升自身竞争力以在市场中立足。

（7）组织结构与流程优化：随着国际化的推进，企业需要对自身的组织结构和流程进行优化以适应全球运营的需要。这可能包括建立跨国管理团队、调整决策机制、优化供应链管理、完善质量控制体系等。这些优化措施有助于提升企业的运营效率和市场响应速度，从而更好地满足全球客户的需求。

（8）持续学习与适应：国际化是一个不断学习和适应的过程。企业需要密切关注全球市场的动态变化、跟踪国际前沿技术和管理理念、了解不同国家和地区的文化差异等。通过持续学习和适应，企业可以不断调整自身的战略和业务模式以应对外部环境的挑战并抓住新的发展机遇。

二、国际化的背景分析

（一）全球化趋势的推动

（1）经济全球化的加速发展：自 20 世纪 80 年代以来，经济全球化成为不可逆转的趋势。随着国际贸易、跨国投资、技术转移等经济活动的日益频繁，企业面临着前所未有的全球市场机遇。全球化趋势推动了企业走出国门，寻求更广阔的发展空间。

（2）全球产业链的深度融合：在全球化的推动下，各国产业链逐渐深度融合，形成全球价值链。企业为了降低成本、提高效率、获取优质资源，纷纷加入全球产业链，推动国际化进程。

（3）全球市场的整合与拓展：全球化趋势促进了全球市场的整合与拓展。企业不再局限于国内市场，而是将目光投向全球市场，寻求更多的增长机会。通过国际化战略，企业可以拓展市场份额、提高品牌知名度、增强竞争力。

（二）科技进步与信息传播的影响

（1）科技进步的推动作用：随着科技的不断进步，特别是信息技术、通信技术、交通运输技术的飞速发展，企业能够更快速、更便捷地获取全球市场的信息，降低跨国经营的成本和风险。科技进步为企业国际化提供了有力的技术支撑。

（2）信息传播的革命性变化：互联网、社交媒体等新型信息传播工具的普及，使得信息传播的速度和范围发生了革命性的变化。企业可以迅速了解全球市场的动态，及时调整经营策略，抓住市场机遇。同时，信息传播也为企业品牌建设和市场营销提供了更广阔的平台。

（3）数字化与智能化的趋势：数字化和智能化技术的广泛应用，使得企业能够更高效地管理全球业务，优化资源配置，提高决策效率。这些技术为企业国际化提供了强大的支持，推动了企业向更高层次的国际化发展。

（三）国际贸易与投资自由化的促进

（1）国际贸易自由化的推动：随着世界贸易组织的成立和国际贸易协定的签署，国际贸易壁垒逐渐降低，市场准入条件不断放宽。这为企业开展跨国经营提供了更加公平、透明的市场环境，促进了企业国际化的进程。

（2）投资自由化的趋势：各国为了吸引外资、促进经济发展，纷纷放宽对外资的限制，提供优惠政策和便利措施。投资自由化的趋势为企业跨国投资提供了更多的机会和选择，推动了企业国际化的深入发展。

（3）金融市场的开放与融合：金融市场的开放和融合为企业跨国融资、并购等资本运作提供了更加便捷、高效的渠道。企业可以利用国际金融市场筹集资金、扩大经营规模、提高国际竞争力。

（四）国内外市场竞争的驱动

（1）国内市场竞争的加剧：随着国内市场的不断饱和，企业面临着越来越激烈的竞争。为了寻求新的增长点和发展空间，企业纷纷将目光投向国际市场，通过国际化战略来拓展市场份额、提高盈利能力。

（2）国际市场竞争的挑战与机遇：国际市场竞争激烈，但同时也充满了机遇。企业需要不断提升自身竞争力，抓住国际市场的机遇，实现持续增长。通过国际化战略，企业可以学习借鉴国际先进经验和技术，提升自身实力和市场地位。

（3）国内外市场需求的差异与互补：国内外市场需求存在差异性和互补性。通过国际化战略，企业可以更好地满足国内外市场的不同需求，实现市场多元化和优势互补。这有助于企业降低经营风险、提高市场适应性。

三、企业国际化的动机

（一）拓展市场与资源获取

企业国际化的首要动机之一是拓展市场和获取资源。随着全球经济的不断融合，企业不再满足于仅在国内市场开展业务，而是积极寻求国际市场的机遇。通过国际化，企业可以打破地域限制、进入更广阔的市场空间、获取更多的销售机会和客户资源。同时，国际化也是企业获取全球优质资源的重要途径，包括原材料、技术、人才等。这些资源的获取有助于企业降低成本、提高效率、增强竞争力。

（1）拓展市场空间：国内市场可能趋于饱和，企业需要通过国际化开辟新的增长点。进入国际市场可以扩大企业的市场份额，增加销售量，提升盈利能力。

（2）获取优质资源：国际化使企业能够在全球范围内寻找和采购高质量的原材料、零部件和技术，确保供应链的稳定性。同时，企业还可以在国际市场上招聘到具备专业技能和丰富经验的优秀人才，为企业的创新和发展提供有力支持。

（二）提升品牌与技术实力

国际化是企业提升品牌影响力和技术实力的重要手段。通过在国际市场上展示企业的产品和服务，企业可以扩大品牌的知名度，提升品牌形象。同时，国际化也有助于企业接触和学习国际先进技术和管理经验，推动企业的技术创新和管理升级。

（1）提升品牌影响力：在国际市场上展示企业的产品和服务，可以让更多的消费者了解并认可企业的品牌。随着品牌知名度的提升，企业在国际市场上的竞争力也会相应增强。

（2）接触和学习先进技术：国际化使企业有机会接触到国际上的先进技术和创新理念。通过与国际同行的合作和交流，企业可以学习到先进的技术和管理经验，推动自身的技术创新和产业升级。

（三）规避国内市场的风险与限制

国内市场可能面临诸多风险和限制，如政策变化、市场竞争激烈、需求萎缩等。通过国际化，企业可以分散市场风险，减少对单一市场的依赖。同时，国际化也有助于企业规避国内市场的某些限制，如贸易壁垒、市场准入等。

（1）分散市场风险：通过在不同国家和地区开展业务，企业可以降低对单一市场的依赖程度，从而分散市场风险。当某个市场出现不利变化时，其他市场的业务可以为企业提供一定的缓冲和支撑。

（2）规避国内市场限制：国内市场可能存在一些贸易壁垒和市场准入限制，影响企业的业务发展。通过国际化，企业可以绕过这些限制，进入更广阔的市场空间。

（四）追求规模经济与协同效应

国际化是企业追求规模经济和协同效应的重要途径。通过在全球范围内扩大生产规模、整合资源和优化供应链，企业可以降低生产成本、提高运营效率。同时，国际化也有助于企业实现不同地域、不同业务之间的协同效应，提升整体竞争力。

（1）实现规模经济：通过国际化，企业可以在全球范围内扩大生产规模，降低单位产品的生产成本。同时，企业还可以利用国际市场上的资源和要素价格差异，优化资源配置，提高生产效率。

（2）发挥协同效应：国际化使企业能够在全球范围内整合不同地域、不同业务之间的资源和能力，实现协同效应。通过共享研发成果、采购渠道、销售渠道等资源和能力，企业可以提升整体竞争力，实现更大的商业价值。

第二节　国际化进程中的资本运作策略与价值实现

一、国际化进程中的资本运作策略

（一）股权融资与债务融资的选择

企业在国际化进程中，为了扩大规模、增强实力，常常需要进行融资。股权融资和债务融资是两种主要的融资方式，它们各有优劣，企业应根据自身情况和发展战略进行选择。

（1）股权融资：股权融资是指企业通过发行股票或增资扩股的方式引入新股东，从而获得资金。股权融资的优点在于可以降低企业的财务杠杆，增强企业的资本实力，同时新股东的加入也可能为企业带来新的资源和战略支持。但股权融资也有其缺点，如可能会稀释原有股东的股权比例，影响企业的控制权和经营决策权。

（2）债务融资：债务融资是指企业通过发行债券、银行贷款等方式借入资金，并按照约定的期限和利率还本付息。债务融资的优点在于资金成本相对较低，不会稀释股权，但缺点在于会增加企业的财务杠杆和财务风险，对企业的还款能力和现金流管理要求较高。

企业在选择股权融资和债务融资时，应综合考虑自身的财务状况、发展需求、市场环境等因素。例如，对于初创期或成长期的企业，股权融资可能更为合适，因为这类企业通常需要大量的资金来支持其快速发展，而股权融资可以提供较为稳定的资金来源，并且新股东的加入也可以为企业带来更多的资源和支持。而对于成熟期或稳定期的企业，债务融资可能更为合适，因为这类企业通常已经有较为稳定的现金流和盈利能力，可以通过债务融资来优化资本结构，降低资金成本。

（二）跨境投资与资本结构优化

随着企业国际化进程的加速，跨境投资已经成为越来越多企业的选择。跨境投资不仅可以帮助企业拓展海外市场，获取更多的资源和机会，还可以优化企业的资本结构，提升企业的整体价值。

（1）跨境投资：跨境投资是指企业在海外市场进行直接投资，包括设立分支机构、收购兼并、合资合作等方式。跨境投资可以帮助企业快速进入新市场，获取当地的市场份额和资源，同时也可以借助当地的人才和技术优势来提升企业的竞争力。但跨境投资也存在一定的风险和挑战，如文化差异、法律法规、汇率波动等。

（2）资本结构优化：资本结构是指企业各种资本的价值构成及其比例关系。优化资本结构是企业财务管理的重要目标之一，可以通过调整股权和债务的比例来降低资金成本、提升企业的市场价值。在国际化进程中，企业可以通过跨境投资来调整和优化自身的资本结构。例如，通过在海外市场发行股票或债券来引入新的资金来源；通过收购兼并来扩大企业规模、提升市场份额；通过合资合作来引入新的技术和资源等。

（三）外汇风险管理与资金运营

在国际化进程中，企业不可避免地会面临外汇风险。外汇风险是指由于汇率波动导致企业资产和负债价值发生变化的风险。为了降低外汇风险对企业的影响，企业需要采取有效的外汇风险管理和资金运营策略。

（1）外汇风险管理：外汇风险管理包括识别、计量、监控和控制外汇风险的过程。企业可以通过多种方式来降低外汇风险，如使用远期合约、期权等金融衍生工具进行套期保值；选择合适的结算货币和结算方式；在合同中加入汇率风险条款等。此外，企业还应加强对外汇市场的监测和分析，及时掌握汇率动态，为决策提供依据。

（2）资金运营：资金运营是指企业对资金进行有效配置和运用的过程。在国际化进程中，企业需要关注资金的跨境流动、资金成本和资金使用效率等方面。为了优化资金运营，企业可以采取多种措施，如建立全球统一的资金管理平台；实现资金的集中管理和调度；利用国际金融市场进行资金融通等。

（四）国际资本市场利用与上市规划

国际资本市场是企业进行融资和上市的重要平台。利用国际资本市场可以帮助企业拓宽融资渠道、提升品牌知名度、引入战略投资者等。同时，上市也是企业实现跨越式发展的重要途径之一。

（1）国际资本市场利用：国际资本市场包括股票市场、债券市场、基金市场等。企业可以根据自身的发展需求和战略目标选择合适的国际资本市场进行融资。例如，通过在海外股票市场发行股票来引入新的资金来源；通过在海外债券市场发行债券来降低资金成本；通过与海外基金合作来引入战略投资者等。

（2）上市规划：上市是企业发展的重要里程碑之一，也是企业实现跨越式发展的重要途径之一。在国际化进程中，企业可以根据自身情况和发展战略制订合适的上市规划。上市规划包括选择合适的上市地点、确定上市时间表、设计合理的股权结构等。通过上市规划，企业可以明确自身的发展目标和方向，为未来的发展奠定坚实的基础。

二、价值实现途径

在企业的国际化进程中，价值的实现是最终的目标。企业通过各种策略和手段，旨在提升自身价值，为股东、员工、客户以及社会创造更大的财富。以下将从提升企业核心竞争力、优化全球资源配置、增强财务稳健性与抗风险能力以及实现股东价值最大化4个方面，详细探讨企业价值实现的途径。

（一）提升企业核心竞争力

核心竞争力是企业在市场竞争中取得优势的关键，也是企业实现价值的基础。在国际化进程中，提升企业核心竞争力尤为重要。

（1）技术创新：技术是企业的核心竞争力之一。通过不断的技术研发和创新，企业可以推出更具竞争力的产品和服务，满足客户的需求。技术创新不仅包括产品和服务的创新，还包括生产流程、管理方法等方面的创新。

（2）品牌建设：品牌是企业的重要资产，也是企业核心竞争力的体现。通过品牌建设，企业可以提升产品的知名度和美誉度，增强客户忠诚度，从而提高市场份额和盈利能力。

（3）人才培养：人才是企业的核心竞争力之源。企业需要重视人才的培养和发展，建立完善的人才管理体系，吸引和留住优秀人才。通过人才培养，企业可以不断提升员工的技能和素质，为企业的持续发展提供有力保障。

（二）优化全球资源配置

国际化进程为企业提供了更广阔的资源配置空间。优化全球资源配置，可以使企业更有效地利用全球资源，降低成本，提高效率，从而实现价值最大化。

（1）供应链优化：通过建立全球供应链体系，企业可以在全球范围内采购原材料、零部件等，选择成本最低、质量最好的供应商。同时，企业还可以利用全球物流网络，实现产品的快速配送和交付。

（2）生产基地布局：企业可以根据全球市场的需求和成本因素，在全球范围内布局生产基地。通过在不同国家和地区设立生产基地，企业可以充分利用当地的资源和劳动力优势，降低成本，提高生产效率。

（3）研发资源整合：全球化使得企业可以更容易地获取全球的研发资源。企业可以通过建立全球研发网络，整合不同国家和地区的研发资源和人才优势，加快产品研发和创新速度。

（三）增强财务稳健性与抗风险能力

财务稳健性和抗风险能力是企业实现价值的重要保障。在国际化进程中，企业需要面临更多的财务风险和市场风险，因此增强财务稳健性和抗风险能力尤为重要。

（1）财务管理优化：企业需要建立完善的财务管理体系，加强财务预算、成本控制、资金管理等方面的工作。通过财务管理优化，企业可以更好地掌握财务状况和经营成果，为决策提供有力支持。

（2）风险防范机制：企业需要建立完善的风险防范机制，包括风险识别、评估、监控和应对等方面。通过风险防范机制，企业可以及时发现和应对潜在的风险和问题，避免或减少损失。

（3）多元化经营策略：多元化经营可以降低企业对单一市场或产品的依赖程度，从而分散风险。企业可以通过拓展不同的业务领域和市场来实现多元化经营策略。

（四）实现股东价值最大化

股东是企业的重要利益相关者之一。实现股东价值最大化是企业经营的重要目标之一，也是企业实现价值的重要途径之一。

（1）提高盈利能力：盈利能力是衡量企业经营成果的重要指标之一。通过提高盈利能力，企业可以为股东创造更多的财富和价值。企业需要关注市场需求和竞争格局，制定合理的定价策略和营销策略，提高产品毛利率和市场占有率。

（2）加强公司治理：公司治理是影响股东权益的重要因素之一。企业需要建立完善的公司治理结构和管理机制，保障股东的权益和利益。同时，企业还需要加强与股东之间的沟通和交流，及时披露经营情况和财务状况，增强股东的信任和支持。

（3）实施股权激励计划：股权激励计划是一种有效的激励手段，可以激发员工的积极性和创造力，同时也可以增强股东对公司的归属感和忠诚度。通过实施股权激励计划，企业可以将员工的利益与公司的利益紧密地联系在一起，共同推动公司的发展壮大。

第三节　跨国并购与资本运作

一、跨国并购的概念与类型

（一）跨国并购的定义

跨国并购（Cross-border Mergers and Acquisitions，简称 CBM&A）是指一国企业为了某种目的，通过一定的渠道和支付手段，将另一国企业的全部或部分资产、股份购买下来，从而对后者的经营管理实施实际或完全的控制行为。

这种行为通常涉及两个或更多国家的企业，是国际直接投资的一种重要方式。跨国并购的核心意义在于企业资源的重新配置与整合，以达到协同效应、市场扩张、技术获取或其他战略目标。

跨国并购不仅涉及资金的跨国流动，还包括技术、管理、品牌、市场渠道等多种资源的国际转移。随着全球化的深入发展，跨国并购已成为企业快速进入新市场、获取竞争优势的重要手段。跨国并购的成功与否，往往取决于并购前的战略规划、尽职调查、交易结构设计，以及并购后的整合管理等多个环节。

（二）跨国并购的主要类型

跨国并购可以根据不同的标准进行分类，但通常可以从以下几个维度进行划分。

1. 按并购双方的行业关系划分

（1）横向并购：指两个或两个以上生产或销售相同或相似产品的企业之间的并购。这种并购可以迅速扩大生产规模，提高市场份额，实现规模经济效应。

（2）纵向并购：指处于生产同一产品不同阶段的企业之间的并购，如原材料供应商与生产商之间的并购。这种并购有助于加强企业对生产过程的控制，降低成本，提高效率。

（3）混合并购：指生产或经营彼此没有关联的产品或服务的企业之间的并购。这种并购可以帮助企业实现多元化经营，分散风险，利用现有资源进入新的市场领域。

2. 按并购的支付方式划分

（1）现金并购：指并购方通过支付现金的方式获取目标企业的资产或股份。这种支付方式简单直接，但对并购方的现金流要求较高。

（2）股票并购：指并购方通过发行新股或换股的方式获取目标企业的资产或股份。这种支付方式可以减轻并购方的现金压力，但可能导致股权稀释和控制权变动。

（3）杠杆并购：指并购方通过举债的方式筹集资金进行并购，通常以目标企业的资产和未来收益作为担保。这种并购方式可以实现高杠杆效应，但对并购方的债务承担能力和风险管理能力要求较高。

3. 按并购的态度划分

（1）善意并购：指并购方与目标企业进行充分沟通和协商，达成一致意见后进行的并购。这种并购方式通常较为顺利，能够得到目标企业管理层和员工的支持。

（2）敌意并购：指并购方在未经目标企业同意的情况下，通过强行收购或敌意要约收购等方式进行的并购。这种并购方式往往会引起目标企业的反抗和抵制，风险较大。

二、跨国并购的动机与风险

（一）跨国并购的驱动因素

跨国并购作为企业国际化战略的重要手段，其背后隐藏着多种驱动因素。这些驱动因素不仅反映了企业对外部环境的适应和利用，也体现了企业内部发展的需求和战略考量。

1. 市场寻求动机

企业往往通过跨国并购来快速进入新的市场，尤其是当这些市场存在较高的进入壁垒时。通过并购，企业可以立即获得目标公司在当地市场的份额、品牌知名度和分销网络，从而避免从零开始建立市场地位所需的时间和成本。

2. 资源获取动机

跨国并购也是企业获取关键资源的重要途径。这些资源可能包括自然资源（矿产、石油等）、技术、研发能力、专利、人才以及管理经验等。通过并购，企业可以弥补自身的资源缺口，提升整体竞争力。

3. 效率寻求动机

企业可能通过跨国并购来实现规模经济、范围经济以及协同效应，从而提高生产效率和盈利能力。例如，通过横向并购扩大生产规模，降低单位产品的生产成本；通过纵向并购整合产业链，减少交易成本；通过混合并购实现多元化经营，分散经营风险。

4. 战略资产寻求动机

战略资产是指那些对企业长期发展具有关键作用的资产，如品牌、技术、研发能力等。跨国并购往往是企业获取这些战略资产的重要手段。通过并购，企业可以迅速提升自身的战略地位和市场竞争力。

5. 政策驱动与税收优惠

某些国家可能提供税收优惠、补贴或其他激励措施来吸引外国投资。这些政策驱动因素可能促使企业进行跨国并购，以享受当地更低成本的生产环境和更优惠的税收政策。

（二）跨国并购面临的主要风险

尽管跨国并购为企业带来了诸多潜在的好处，但这一过程中也伴随着诸多风险和挑战。这些风险如果处理不当，可能导致并购失败或无法达到预期的效果。

1. 政治与法律风险

跨国并购往往涉及不同国家的政治和法律环境。目标国家可能对外国投资设有限制或审查制度，这可能导致并购计划受阻或延误。此外，不同国家的法律法规差异也可能给并购后的整合和运营带来困难。

2. 财务风险

跨国并购涉及大量的资金流动和复杂的财务安排。企业可能面临估值风险、汇率风险以及融资风险等。估值风险源于对目标企业真实价值的误判；汇率风险则与货币兑换和国际金融市场波动有关；而融资风险则涉及资金来源的稳定性和成本问题。

3. 文化整合风险

跨国并购往往涉及不同国家和文化的企业之间的整合。文化差异可能导致管理理念、工作方式、沟通方式等方面的冲突和摩擦。如果处理不当，这些文化整合问题可能破坏并购后的协同效应和整体绩效。

4. 运营风险

并购后的整合过程中，企业可能面临供应链中断、客户流失、员工离职等运营风险。这些风险源于并购过程中可能出现的组织结构调整、管理层变动以及业务整合等问题。为确保并购后的平稳过渡和持续运营，企业需要制订详细的整合计划和风险管理策略。

5. 技术与管理风险

跨国并购可能涉及技术转移和管理模式的变革。企业可能面临技术泄露、知识产权纠纷以及管理模式不适应等风险。为确保技术的安全转移和管理的有效整合，企业需要在并购前进行充分的技术尽职调查和管理评估，并在并购后建立有效的技术保护和管理机制。

三、跨国并购的资本运作策略

（一）目标企业的选择与评估

在跨国并购中，目标企业的选择与评估是整个并购过程中至关重要的一环。它决定了并购后企业的战略定位、市场地位、财务状况以及整合难度，直接影响并购的成功与否以及并购后的长期收益。因此，对目标企业的选择与评估需要细致、全面、科学地进行。

1. 目标企业选择标准

在选择目标企业时，并购方需要制定明确的选择标准，以确保所选企业与自身的战略目标相契合。以下是几个重要的选择标准。

（1）战略匹配性：战略匹配性是指目标企业与并购方在战略目标、市场定位、产品线等方面是否相互契合。选择一个与自身战略相匹配的目标企业，有助于实现规模经济、范围经济以及协同效应，提高并购后的整体竞争力。并购方应重点评估目标企业在市场、技术、资源等方面是否与自身的长期规划相吻合，以确保并购后能够实现预期的战略目标。

（2）财务稳健性：财务稳健性是评估目标企业财务状况是否健康的重要标准。并购方需要审阅目标企业的财务报表，分析其资产质量、负债结构、盈利能力及现金流状况等。健康的财务状况可以为并购后的整合提供有力的支持，降低整合过程中的财务风险。同时，对目标企业的财务状况进行深入的评估，有助于确定合理的并购价格以及支付方式。

（3）文化与组织适应性：企业文化和组织结构的差异是导致并购失败的重要原因之一。因此，在选择目标企业时，并购方需要考虑双方在文化和组织结构上的相似性。相似的文化和组织结构可以减少并购后的整合难度，促进双方的融合和协作。并购方应对目标企业的企业文化、管理理念、组织结构等进行深入的调研，以确保双方在并购后能够实现顺畅的整合。

（4）法律与合规性：法律与合规性是选择目标企业时必须考虑的重要因素。目标企业应无重大法律纠纷，且符合所在国的法律法规要求。并购方应对目标企业进行详尽的法律尽职调查，以揭示潜在的法律风险和合规问题。这有助于并购方在谈判中争取有利的条件，也为并购后的整合奠定良好的法律基础。

2. 目标企业评估方法

对目标企业的评估需要运用科学的方法和工具，以确保评估结果的客观性和准确性。以下是几种常用的评估方法。

（1）财务分析：财务分析是评估目标企业财务状况的重要手段。并购方可以通过审阅目标企业的财务报表、进行比率分析和趋势分析等，全面了解其资产、负债、收入、利润等关键财务指标的变动情况和趋势。这有助于并购方评估目标企业的盈利能力、偿债能力以及运营效率等，为确定并购价格提供依据。

（2）市场评估：市场评估主要分析目标企业在所在市场的地位、竞争对手情况、市场份额及增长潜力等。通过市场调研和分析，并购方可以了解目标企业在市场中的竞争优势和劣势，以及未来市场的发展趋势和机遇。这有助于并购方制定有针对性的市场策略，提高并购后的市场占有率和竞争力。

（3）技术评估：对于技术密集型企业或高新技术领域的企业，技术评估至关重要。并购方需要对目标企业的技术水平、研发投入、知识产权及创新能力进行评估。这包括了解目标企业的研发团队、技术专利、新产品开发等情况，以及其在行业内的技术地位和影响力。技术评估有助于并购方了解目标企业的技术优势和发展潜力，为并购后的技术创新和产业升级提供支持。

（4）人力资源评估：人力资源是企业最重要的资产之一，对于并购后的整合和发展具有关键作用。并购方需要对目标企业的管理团队、员工素质、人力资源政策等进行评估。这包括了解目标企业的高层管理人员背景和经验、员工结构、培训体系以及激励机制等。人力资源评估有助于并购方制订合理的人力资源整合计划，确保并购后能够实现人员平稳过渡和高效协作。

3. 尽职调查

在初步确定目标企业后，并购方应进行详尽的尽职调查。尽职调查是对目标企业进行全面深入的了解和分析，以验证其提供的信息的真实性和准确性，并揭示潜在的风险和问题。尽职调查的范围应包括目标企业的财务、法律、市场、技术、人力资源等各个方面。在尽职调查过程中，并购方需要保持谨慎和客观的态度，对发现的问题进行深入的剖析和核实。这有助于并购方在谈判中争取有利的条件，也为并购后的整合奠定坚实的基础。同时，尽职调查还可以帮助并购方了解目标企业的内部管理和运营情况，为并购后的管理提升提供参考和借鉴。

（二）交易结构的设计与优化

在跨国并购中，交易结构的设计是确保并购成功、降低风险并最大化收益的关键环节。一个精心设计的交易结构能够平衡各方利益，确保交易的顺利进行，并为并购后的整合和发展奠定坚实基础。以下将详细阐述交易结构设计的各个方面及其优化策略。

1. 交易类型选择

选择适合的交易类型是交易结构设计的首要任务。根据并购方的战略目标和财务状况，可以选择资产收购、股权收购或合并等不同的交易类型。

（1）资产收购：当并购方仅对目标企业的某些特定资产感兴趣时，可以选择资产收购。这种方式可以避免承担目标企业的负债和潜在风险，但可能需要支付较高的交易税费。

（2）股权收购：通过购买目标企业的股权来实现对目标企业的控制或参与。这种方式可以保留目标企业的法人地位和业务运营的连续性，但需要承担目标企业的所有负债和潜在风险。

（3）合并：将两个或多个企业合并为一个新的企业。这种方式可以实现资源的全面整合和共享，但涉及的法律和监管程序可能较为复杂。

在选择交易类型时，并购方需要综合考虑自身的战略目标、财务状况、风险承受能力以及目标企业的具体情况。同时，还需要考虑交易类型对并购后整合和发展的影响，以确保选择的交易类型能够最大化并购的协同效应和长期收益。

2. 支付方式

支付方式是交易结构设计中的另一个重要方面。并购方可以选择现金、股票、债券或混合支付等方式来支付交易对价。

（1）现金支付：最简单直接的支付方式，但对并购方的现金流要求较高。同时，现金支付可能会导致并购方的资本结构发生变化，增加财务风险。

（2）股票支付：通过发行新股或转让现有股份来支付交易对价。这种方式可以减轻并购方的现金流压力，但可能导致股权稀释和控制权变化。

（3）债券支付：通过发行债券来支付交易对价。这种方式可以保持并购方的现金流和股权结构稳定，但需要承担债券的利息支付和到期偿还义务。

（4）混合支付：结合上述多种支付方式来支付交易对价。这种方式可以灵活调整支付结构，平衡各方利益，但可能增加交易的复杂性和成本。

在选择支付方式时，并购方需要综合考虑自身的财务状况、资本结构、市场环境以及目标企业的需求。同时，还需要考虑支付方式对并购后整合和发展的影响，以确保选择的支付方式能够最大化并购的财务效益和长期收益。

3. 税务筹划

税务筹划是交易结构设计中不可忽视的一环。通过合理的税务筹划，可以降低并购成本，提高并购收益。

（1）利用税收优惠：了解并利用相关国家和地区的税收优惠政策，如减免税、税收抵免等，以降低并购过程中的税负。

（2）合理安排交易价格：通过合理评估目标企业的价值并确定交易价格，可以避免因价格过高而增加税负或因价格过低而引发税务审查。

（3）优化支付结构：结合支付方式的选择，优化支付结构以降低税负。例如，选择股票支付可以避免现金支付所产生的资本利得税。

（4）考虑税务风险：在交易结构设计中充分考虑潜在的税务风险，如税务审查、双重征税等，并制定相应的应对策略。

4. 风险分担

在交易结构设计中合理安排风险分担机制是保障并购成功的重要措施。通过设置或有负债条款、盈利保证条款等方式，可以明确各方在并购过程中及并购后所承担的风险和责任。

（1）或有负债条款：约定在目标企业存在未披露的负债或潜在风险时，由目标企业或原股东承担相应的责任和义务。这可以保护并购方免受未知风险的影响。

（2）盈利保证条款：约定目标企业或原股东在并购后一定期限内对目标企业的盈利状况进行保证。如未达到约定标准，则需要向并购方支付相应的补偿。这可以确保并购方在并购后获得预期的收益。

5. 法律与监管合规

确保交易结构符合相关法律法规和监管要求是交易结构设计的最后一道关卡。在跨国并购中，涉及的法律和监管问题可能更加复杂和多样。因此，并购方需要充分了解目标企业所在国家和地区的法律法规和监管要求，确保交易结构符合相关规定，避免法律纠纷和监管风险。同时，还需要关注国际贸易和投资协定、外汇管制等方面的规定，以确保交易的合法性和可行性。

（三）融资安排与支付方式选择

跨国并购作为企业实现全球化战略、拓展海外市场的重要手段，往往涉及巨大的资金规模。在这样的背景下，融资安排与支付方式的选择就显得尤为重要，它们不仅关系着并购能否成功完成，还直接影响并购后的企业资本结构、经营成本和风险水平。

1. 融资来源

并购方在筹集并购所需资金时，有多种融资方式可供选择，包括内部融资、外部债务融资以及股权融资等。

（1）内部融资：这种方式主要依赖于企业的自有资金，包括留存收益和未分配利润等。内部融资的优点在于成本较低、自主性强且风险较小，但缺点也很明显，即可能会对企业的现金流造成较大影响，特别是在需要大量资金的跨国并购中。

（2）外部债务融资：这种方式主要通过银行贷款、发行债券等途径筹集资金。外部债务融资的优点在于能够利用财务杠杆效应放大并购收益，但同时也增加了企业的财务风险。特别是在利率上升或经营不善时，过高的债务负担可能会威胁到企业的生存。

（3）股权融资：通过增发股票等方式筹集资金。股权融资的优点在于不会增加企业的债务负担，还能引入新的战略投资者。但缺点是可能会稀释原有股东的股权和控制权，同时发行股票也需要承担较高的发行费用和时间成本。

2. 融资成本与风险

在选择融资方式时，并购方需要权衡融资成本与风险之间的关系。不同的融资方式对应着不同的成本水平和风险程度。内部融资的成本最低，但可能对企业的现金流产生较大影响；外部债务融资的成本相对较高，且会增加财务风险；而股权融资虽然避免了财务风险，但却可能稀释股东权益。因此，并购方需要根据自身的财务状况、市场环境以及并购目标等因素来综合考虑选择合适的融资方式。

同时，还需要注意到融资成本与支付方式之间的关系。支付方式的选择会直接影响到融资的成本和效果。例如，选择现金支付可能需要更多的短期债务融资或动用大量自有资金，从而增加财务风险或影响现金流；而选择股票支付则可能避免这些问题，但同时也可能带来股权稀释等其他问题。因此，在选择支付方式时也需要考虑其与融资安排之间的协调性和一致性。

3. 支付方式选择

支付方式的选择是跨国并购中另一个重要的决策点。常见的支付方式包括现金支付、股票支付以及混合支付等。不同的支付方式各有优缺点，并购方需要根据自身的实际情况和并购目标来选择最合适的支付方式。

（1）现金支付：这是最简单直接的支付方式。优点在于交易迅速、确定性强且不会稀释股东权益。但缺点也很明显，即可能对并购方的现金流产生较大压力；特别是在跨国并购中，可能还需要考虑外汇管制和汇率风险等问题。

（2）股票支付：通过发行新股或转让现有股份来完成并购支付。这种方式可以减轻并购方的现金流压力，并可能引入新的战略投资者。但缺点是可能稀释原有股东的股权和控制权；同时发行新股还需要承担较高的发行费用和时间成本。

（3）混合支付：结合现金和股票等多种支付方式来完成并购支付。这种方式可以灵活调整支付结构以平衡各方利益；同时也有助于降低单一支付方式可能带来的风险和问题。但混合支付也增加了交易的复杂性和不确定性；需要更加精细地设计和执行交易方案。

4. 外汇风险管理

在跨国并购中，外汇风险是一个不可忽视的因素。由于不同国家货币之间存在汇率波动，因此可能会导致并购成本增加或收益减少等风险。为了降低外汇风险对并购的影响，并购方可以采取多种措施进行对冲和管理。例如，可以利用外汇衍生品（远期合约、期权、期货等）来锁定汇率风险；也可以选择在汇率相对稳定的时期进行并购操作以规避汇率波动带来的风险。此外，还可以通过与目标企业所在国的金融机构合作或建立跨境资金池等方式来优化资金配置和降低外汇风险。

（四）并购后的整合与价值提升

并购，作为企业发展壮大的一种重要手段，其成功与否往往不仅取决于交易本身的成功与否，更在于并购后的整合与价值提升。并购后的整合是一个涉及战略、业务、组织、文化等多个层面的复杂过程，而价值提升则是这一过程的最终目标。

1. 战略整合

战略整合是并购后整合的首要任务。它要求将目标企业纳入并购方的战略体系，实现战略协同和资源共享。这一过程中，并购方需要明确自身的战略目标，以及目标企业在实现这些目标中的角色和定位。通过深入分析双方的战略资源、能力和市场地位，找出可以互补和协同的领域，进而制定出整合后的战略规划。

战略整合的关键在于确保双方的战略目标一致，资源配置合理，以及市场竞争策略协调。这需要并购方具备强大的战略规划和执行能力，能够引导目标企业融入新的战略体系，共同实现更大的市场价值。

2. 业务整合

业务整合是并购后整合的核心内容。它要求对并购双方的业务进行梳理和优化，消除重复和冗余，实现业务协同和效率提升。在业务整合过程中，并购方需要详细了解目标企业的业务流程、产品线、市场渠道等情况，与自身的业务进行对比分析，找出可以整合和优化的环节。

业务整合的目标是实现业务规模的扩大、市场份额的提升、成本控制的优化以及盈利能力的增强。这需要并购方具备卓越的业务管理和运营能力，能够推动双方业务的高效融合和持续发展。

3. 组织整合

组织整合是并购后整合的重要保障。它涉及组织架构的调整、管理层的变动以及员工队伍的整合等方面。在组织整合过程中，并购方需要根据整合后的战略规划和业务需求，重新设计组织架构和管理体系，确保组织的高效运转和决策的快速响应。

同时，组织整合还需要关注员工的安置和激励问题。通过合理的岗位调整、薪酬福利和职业发展规划等措施，稳定员工队伍，激发员工的工作积极性和创造力。这需要并购方具备人性化的管理理念和有效的激励机制，能够打造一支团结、高效、有战斗力的团队。

4. 文化整合

文化整合是并购后整合中最容易被忽视但又至关重要的一个环节。企业文化是企业的灵魂和核心竞争力的重要组成部分。在并购过程中，不同企业之间的文化差异可能导致员工之间的摩擦和冲突，影响整合的顺利进行。

因此，文化整合需要并购方高度重视并采取有效措施加以推进。通过培训、沟通、交流等方式促进双方员工的相互理解和认同；同时尊重并保留目标企业的优秀文化元素，实现文化的融合和创新。这需要并购方具备开放包容的文化理念和强大的文化塑造能力，能够推动双方文化的和谐共生和共同发展。

5. 价值提升策略

价值提升是并购后整合的最终目标。通过技术创新、市场拓展、成本控制等方式提升并购后的整体价值。技术创新是推动企业持续发展的重要动力。并购方可以利用双方的技术资源和研发能力进行联合研发和创新合作，开发出更具市场竞争力的产品和服务；市场拓展是扩大市场份额和提升品牌影响力的重要途径。并购方可以利用双方的市场渠道和客户资源进行市场拓展和品牌推广合作，实现市场份额的扩大和品牌价值的提升；成本控制是提升企业盈利能力和竞争力的重要手段。并购方可以通过优化采购、生产、销售等环节的成本控制流程和方法来降低成本支出并提高盈利能力。

同时，在价值提升过程中还需要关注协同效应的实现情况。协同效应是指并购后双方通过资源共享、优势互补等方式实现的整体效益大于各部分效益之和的效果。为了实现协同效应的最大化，并购方需要不断优化整合策略并加强双方之间的合作与沟通；通过建立有效的激励机制和考核机制来激发员工的积极性和创造力；通过加强企业文化建设和团队建设来增强员工的归属感和凝聚力；最终实现并购价值的最大化并推动企业持续健康发展。

第四节　案例分析：企业国际化的资本运作实践与价值创造

一、案例选取与背景介绍

（一）案例企业的基本情况

本案例选取的企业——XYZ 公司，是一家在本土市场已经取得显著影响力的中型企业。自成立以来，该公司凭借其创新的技术研发、稳定可靠的产品质量以及良好的市场口碑，在所处行业内逐渐占据了重要的地位。然而，随着全球经济一体化的不断深入和市场竞争的日益加剧，XYZ 公司逐渐意识到，单纯依靠本土市场已经难以实现持续的高速增长。因此，为了实现更广阔的发展前景，企业决定积极实施国际化战略，拓展海外市场，以寻求新的增长点。

1. 企业规模与影响力

XYZ 公司在本土市场已经发展成为一家具有中等规模的企业，拥有较为完善的组织架构和运营体系。通过多年的努力，该企业在技术研发、产品生产、市场营销等方面积累了丰富的经验，形成了独特的竞争优势。同时，XYZ 公司注重品牌建设和市场口碑的维护，赢得了广大客户的认可和信赖，树立了良好的企业形象。

2. 行业地位与市场份额

在所处行业内，XYZ 公司凭借其创新的技术和稳定的产品质量，逐渐占据了重要的地位。该企业的产品不仅在本土市场拥有较高的市场份额，还远销海外多个国家和地区，赢得了广泛的国际声誉。同时，XYZ 公司积极参与行业交流和合作，与国内外众多知名企业建立了良好的合作关系，为企业的持续发展奠定了坚实的基础。

3. 面临的市场挑战

尽管 XYZ 公司在本土市场取得了显著的成绩，但随着市场竞争的不断加剧和消费者需求的日益多样化，企业面临着越来越大的市场挑战。一方面，国内外同行之间的竞争日益激烈，价格战、营销战等不断升级，导致企业的利润空间受到压缩；另一方面，消费者对于产品的品质、功能、服务等方面的要求越来越高，企业需要不断投入研发和创新以满足市场需求。

（二）案例企业国际化的背景与动机

在全球经济一体化的趋势下，XYZ 公司决定实施国际化战略以应对日益加剧的市场竞争和寻求新的增长点。以下是对 XYZ 公司国际化背景与动机的详细分析。

1. 全球经济一体化的趋势

随着全球经济一体化的深入发展，各国之间的贸易壁垒逐渐消除，市场准入条件不断放宽，为企业开展跨国经营提供了广阔的空间和机遇。同时，国际分工和协作的日益密切也使得企业可以通过在全球范围内配置资源来降低成本、提高效率并增强竞争力。因此，XYZ 公司积极顺应全球经济一体化的趋势，加快实施国际化战略以拓展海外市场。

2. 行业内的竞争压力

在所处行业内，XYZ 公司面临着来自国内外同行的激烈竞争。为了保持领先地位并持续扩大市场份额，企业需要不断投入研发和创新以提升产品品质和降低成本。然而，仅依靠本土市场已经难以满足企业持续高速增长的需求。因此，通过实施国际化战略来拓展海外市场成为 XYZ 公司应对行业竞争压力的重要途径之一。

3. 企业自身发展的需求

作为一家具有雄心和远见的企业，XYZ 公司一直致力于实现更为广阔的发展前景和更高的市场地位。通过实施国际化战略，企业可以进一步拓展海外市场、引进先进技术和管理经验、提升品牌影响力并优化全球资源配置。这些都将有助于推动 XYZ 公司实现持续高速增长并不断提升自身实力和市场竞争力。

在动机方面，XYZ 公司实施国际化战略主要出于以下几个方面的考虑。首先，通过拓展海外市场可以实现规模的快速扩张和市场份额的提升。其次，引进先进技术和管理经验可以进一步提升企业的研发能力和运营效率。再次，提升品牌影响力可以增强企业在国际市场上的竞争力和知名度。最后，优化全球资源配置可以降低企业成本并提高盈利能力。这些动机共同推动了 XYZ 公司积极实施国际化战略以应对日益加剧的市场竞争和寻求新的增长点。

二、国际化资本运作策略与实施过程

（一）股权融资与债务融资的运用

XYZ 公司在实施国际化战略的过程中，深知资本运作的重要性。为了确保战略的顺利推进，公司精心策划并运用了股权融资与债务融资两种主要融资方式。

1. 股权融资策略及实施

股权融资是通过增发股票、引入战略投资者等方式筹集资金的方法。XYZ 公司在股权融资方面采取了以下策略。

（1）确定融资需求与目标：公司首先评估了国际化战略所需的资金规模，明确了股权融资的目标和用途。

（2）选择合适的投资者：为了引入优质的资源和经验，XYZ 公司积极寻找与自身业务相契合的战略投资者，包括行业内的领先企业、具有丰富国际化经验的投资机构等。

（3）设计合理的股权结构：在确保控制权稳定的前提下，XYZ 公司设计了合理的股权结构，以吸引并留住战略投资者。

（4）完善公司治理机制：为了保障投资者的权益，公司完善了治理机制，包括董事会、监事会等机构的设置和运作，以及信息披露、内部控制等制度的建立和执行。

通过股权融资，XYZ 公司不仅筹集了必要的资金，还成功引入了战略投资者的优质资源和经验，为国际化战略的顺利实施提供了有力支持。

2. 债务融资策略及实施

债务融资是通过银行贷款、发行债券等方式筹集资金的方法。XYZ 公司在债务融资方面采取了以下策略。

（1）评估债务承受能力：公司首先评估了自身的财务状况和偿债能力，确定了合适的债务规模和结构。

（2）选择合适的债务工具：根据融资需求和市场环境，XYZ 公司选择了银行贷款和发行债券等债务工具进行融资。

（3）优化债务期限结构：为了降低财务风险和融资成本，XYZ 公司合理安排了债务的期限结构，确保债务与现金流的匹配。

（4）建立风险防控机制：为了应对可能的偿债风险，XYZ 公司建立了完善的风险防控机制，包括定期评估偿债能力、制订应急预案等。

通过债务融资，XYZ 公司以较低的成本筹集了运营所需的资金，为国际化战略的推进提供了稳定的资金支持。

（二）跨境投资与资本结构调整

跨境投资是 XYZ 公司国际化战略的重要组成部分。为了确保投资的成功和效益，公司注重资本结构的调整和优化。

1. 跨境投资策略及实施

（1）明确投资目标与市场选择：XYZ 公司首先分析了全球市场的竞争格局和发展趋势，明确了投资目标和市场选择。公司优先选择具有增长潜力、与自身业务相契合的海外市场进行投资。

（2）选择合适的投资方式：根据目标市场的特点和自身实力，XYZ 公司灵活选择了设立海外子公司、合资企业等投资方式。这些方式有助于公司快速进入市场、降低风险并获取当地资源。

（3）加强投资管理与风险控制：为了确保投资的成功和效益，XYZ 公司建立了完善的投资管理体系和风险控制机制。公司定期对投资项目进行评估和监控，及时发现并解决问题。

2. 资本结构调整与优化

在跨境投资过程中，XYZ 公司注重资本结构的调整和优化。公司根据投资项目的特点和自身财务状况，合理安排股权和债务的比例，确保资本结构的合理性和稳定性。同时，公司还通过资产重组、剥离非核心业务等方式优化资本结构，提高资产质量和盈利能力。

通过跨境投资和资本结构调整，XYZ 公司成功进入了多个海外市场并实现了业务的快速扩张。这不仅提升了公司的全球竞争力，还为未来持续发展奠定了坚实基础。

（三）外汇风险管理与资金运营策略

面对复杂多变的国际金融市场环境，XYZ 公司高度重视外汇风险管理和资金运营策略的制定与执行。

1. 外汇风险管理策略及实施

（1）识别并评估外汇风险：XYZ 公司首先识别并评估了国际化战略中可能面临的外汇风险，包括汇率波动、利率变动等。公司建立了完善的外汇风险管理制度和流程，确保风险的可控性。

（2）运用外汇衍生品对冲风险：为了降低外汇风险对公司财务的影响，XYZ 公司积极运用外汇衍生品等工具进行对冲操作。这有助于公司在汇率波动时保持财务的稳定性。

（3）定期监测与调整策略：XYZ 公司定期监测外汇市场的变化和公司外汇风险敞口的变化情况，并根据实际情况调整外汇风险管理策略。这有助于公司及时应对市场变化并降低潜在损失。

2. 资金运营策略及实施

（1）优化资金配置与调度：XYZ 公司根据国际化战略的需求和市场环境的变化，优化资金的配置和调度。公司确保资金在不同市场、不同项目之间的合理分配和高效利用。

（2）提高资金流动性与安全性：为了保障国际化战略的顺利实施，XYZ公司注重提高资金的流动性和安全性。公司建立了完善的资金管理体系和风险控制机制，确保资金的安全运转和及时供应。

（3）利用国际金融市场融资优势：XYZ公司积极利用国际金融市场的融资优势，通过发行国际债券、股票等方式筹集资金。这有助于公司拓宽融资渠道并降低融资成本。

通过外汇风险管理和资金运营策略的制定与执行，XYZ公司成功应对了复杂多变的国际金融市场环境，为国际化战略的顺利实施提供了有力保障。

（四）国际资本市场利用与上市规划实施

为了进一步提升品牌影响力和融资能力，XYZ公司决定在国际资本市场上市。公司精心策划并实施了周密的上市规划。

1. 国际资本市场选择与评估

XYZ公司分析了全球各大资本市场的特点、监管要求和市场环境等因素，并结合自身的业务特点和发展需求，选择了与自身相契合的国际资本市场作为上市目标地。公司还评估了在该市场上市可能带来的品牌效应、融资效果以及潜在风险等因素。

2. 上市规划制订与实施

为了确保上市的成功和效果，XYZ公司制订了详细的上市规划并付诸实施。规划包括以下几个方面。

（1）财务与业务准备：公司按照国际资本市场的监管要求和会计准则，对财务报表进行了规范编制和审计。同时，公司还加强了业务运营和内部管理的规范化建设，确保符合上市条件。

（2）法律与监管合规：XYZ公司聘请了专业的律师团队和顾问机构，协助完成法律尽职调查、股权结构调整、知识产权保护等工作，确保符合国际资本市场的法律监管要求。

（3）投资者关系与公关策略：为了吸引并留住投资者，XYZ公司积极建立投资者关系管理制度和公关策略。公司与潜在投资者进行了广泛沟通和交流，提高了市场对公司的认知度和信任度。

（4）上市时机与发行定价：XYZ 公司密切关注国际资本市场的动态和投资者情绪变化，选择了合适的上市时机和发行定价策略。这有助于公司成功完成首次公开发行（IPO）并筹集到足够的资金。

通过在国际资本市场上市，XYZ 公司不仅筹集了更多的资金用于支持国际化战略的推进和业务的持续发展，还提升了在全球范围内的知名度和影响力。这为公司未来在国际舞台上取得更大成就奠定了坚实基础。

三、价值创造与效果评估

（一）企业核心竞争力的提升情况

国际化战略是 XYZ 公司近年来发展的重要驱动力，通过这一战略的实施，公司的核心竞争力得到了显著提升。以下是对这一提升情况的详细分析。

1. 资源整合与技术创新能力的提升

国际化战略为 XYZ 公司提供了更广阔的舞台和更多的资源选择。在全球范围内，公司积极寻找并整合优质资源，包括技术、人才、市场渠道等。通过与国际先进企业的合作与交流，XYZ 公司引进了先进的技术和管理经验，提升了自身的产品研发和创新能力。这种资源整合和技术创新能力的提升，使公司在国际市场上更具竞争力，能够更好地满足客户需求并提供高质量的产品和服务。

2. 内部管理与团队建设的加强

国际化战略的实施对 XYZ 公司的内部管理和团队建设提出了更高的要求。为了适应国际化的运营模式和市场需求，公司加强了内部管理体系的建设，优化了组织结构和流程，提高了决策效率和执行力。同时，公司也注重团队建设和人才培养，通过引进国际化人才和加强内部培训，打造了一支具备国际视野和专业技能的团队。这支团队在国际化战略的推进中发挥了重要作用，为公司的持续发展提供了有力保障。

3. 品牌影响力的提升

国际化战略使 XYZ 公司的品牌在全球范围内得到了更广泛的传播和认可。

通过参加国际展览、举办品牌推广活动、加强与国际媒体的合作等方式，公司的品牌知名度和美誉度不断提升。这种品牌影响力的提升，不仅增强了客户对公司的信任和忠诚度，也为公司开拓新市场、拓展新业务提供了有力支持。

（二）全球资源配置的优化效果

国际化战略使 XYZ 公司能够在全球范围内优化资源配置，实现更高效的运营和更好的市场响应。以下是对这一优化效果的详细分析。

1. 资源配置的协同效应和规模效应

通过国际化战略，XYZ 公司能够在全球范围内合理配置生产、研发、销售等资源。公司根据各地区的比较优势和市场需求，将资源集中在最具竞争力的领域和地区，实现了全球范围内的协同效应和规模效应。这种资源配置的优化不仅降低了运营成本，还提高了市场响应速度和客户满意度。同时，公司也能够更好地应对市场变化和风险挑战，保持业务的稳定性和持续增长。

2. 供应链的优化与协同

国际化战略还推动了 XYZ 公司供应链的优化与协同。通过与国际供应商和合作伙伴的紧密合作，公司建立了稳定、高效的供应链体系，实现了原材料采购、生产加工、物流配送等环节的协同和优化。这种供应链的优化与协同不仅提高了产品质量和交货速度，还降低了库存成本和运营风险。同时，公司也能够更好地把握市场机遇和客户需求，提供更具竞争力的产品和服务。

（三）财务稳健性与抗风险能力的增强

国际化战略对 XYZ 公司的财务状况和风险管理能力提出了更高的要求。通过多元化的融资方式和合理的资本结构调整，公司的财务状况得到了显著改善，抗风险能力也得到了增强。以下是对这一情况的详细分析。

1. 财务稳健性的提升

国际化战略使 XYZ 公司的融资渠道更加多元化。除了传统的银行贷款和股权融资外，公司还积极利用国际债券市场、跨境融资等方式筹集资金。这种多元化的融资方式使公司的资金来源更加稳定可靠，降低了财务风险和融资成本。同时，公司也注重资本结构的合理性调整，通过优化债务和股权的比例关系、加强资产负债管理等措施保持财务稳健性。这些努力使公司的资产负债率保持在合理水平、流动性充足、盈利能力稳步提升。

2. 抗风险能力的增强

国际化战略使 XYZ 公司面临更多的市场风险和外部挑战。为了应对这些风险挑战，公司建立了完善的风险管理体系和内部控制机制。通过加强风险评估、制定应急预案、建立风险隔离机制等措施，公司有效应对了各类风险挑战并确保了国际化战略的稳健推进。同时，公司也注重合规经营和风险防范意识的培养，加强内部审计和监督检查力度以确保各项制度的有效执行。这些努力使公司在复杂多变的国际环境中保持了较强的抗风险能力。

（四）股东价值最大化的实现程度

国际化战略为 XYZ 公司带来了显著的经济效益和社会效益，也在很大程度上实现了股东价值最大化的目标。以下是对这一情况的详细分析。

1. 经济效益的显著提升

通过国际化战略的实施，XYZ 公司的经济效益得到了显著提升。公司的市值不断增长、股价表现优异、盈利能力稳步提升。这些经济效益的提升不仅为股东创造了丰厚的回报，也为公司的持续发展提供了更多的资本和资源支持。同时，公司也注重社会责任和可持续发展，通过加强环境保护、公益慈善等方面的投入和贡献，实现了经济效益与社会效益的双赢。

2. 股东价值最大化的实现

国际化战略使 XYZ 公司的业务范围更加广泛、市场地位更加稳固、竞争优势更加明显。这些成果不仅增强了公司的盈利能力和市场影响力，也为股东提供了更多的增长机会和潜在收益空间。可以说，国际化战略在很大程度上实现了股东价值最大化的目标。同时，公司也注重与股东的沟通和交流，通过定期发布财务报告、举办股东大会等方式及时向股东传递公司的经营情况和未来发展规划，增强了股东对公司的信任和认同感。

（五）案例总结与启示意义

XYZ 公司的国际化战略实践为我们提供了宝贵的经验和启示。首先，企业应根据自身的实际情况和发展需求制定合适的国际化战略。其次，在资本运作过程中应注重融资方式的多元化和资本结构的合理性。再次，在跨境投资和外汇风险管理方面应建立完善的管理制度和流程。最后，在国际化过程中应不断提升自身的核心竞争力和全球资源配置能力以实现可持续发展和价值创造。这些经验和启示对于其他企业实施国际化战略具有重要的借鉴意义和指导作用。

参考文献

[1]杨诗宇.国有企业上市公司资本运作的风险问题研究[J].西部财会,2024,(02):44-46.

[2]周翔.文化资本运作的伦理准则与价值规范——评《文化资本的伦理义务》[J].当代财经,2024,(01):2+165.

[3]张勇,鲁强,武鹏等.国有资本发展壮大的理论基础与发展路径——基于马克思主义资本理论的视域[J].南开经济研究,2023,(12):22-46.

[4]彭龙鑫.如何让国有上市公司实现价值回归——以广东省国有控股上市公司的市值管理为例[J].新理财(政府理财),2023,(11):46-48.

[5]胡帮勇.企业技术创新与资本运作的协同演进——基于 A 公司的案例[J].财会通讯,2023,(22):107-110+176.

[6]郭全中,周硕.AIGC 等新技术或成为传媒资本运作的新风口——以 2022 年传媒资本运作为例[J].新闻论坛,2023,37(05):7-12.

[7]颜世进.企业战略转型中的资本运作与投融资能力提升[J].中国中小企业,2023,(10):180-182.

[8]傅丽梅.国有资本投资公司的多元化价值创造方式相关案例分析[J].上海国资,2023,(09):63-68.

[9]牛草源.基于资本运作的物流企业商业模式创新[J].全国流通经济,2023,(17):54-57.

[10]郑妍涵,朱喜钢,操小晋.社会资本对社区规划建设的作用机制探索——以漳州市华侨新村为例[J].住宅科技,2023,43(08):1-7.

[11]张晓昊.浅论国有企业商业房地产价值创造路径[J].能源技术与管理,2023,48(03):194-196.

[12]邓杨,鲁斌,燕小芬."双碳"背景下电力设计企业资本运作研究[J].电力勘测设

计,2023,(04):35-39.

[13]刘慧.企业资本运作中的财务风险管控[J].中小企业管理与科技,2023,(07):194-196.

[14]李昕子.上市建筑央企资本运作研究[J].财经界,2023,(09):15-17.

[15]王冠华.国有资本投资运营公司资本运作与融资策略探讨[J].财会学习,2023,(04):142-144.

[16]武伟湘.企业资本运作模式与路径初探[J].全国流通经济,2023,(01):104-107.

[17]赵人杰.企业资本运作与融资现状及其应对策略研究[J].产业创新研究,2022,(22):166-168.

[18]李建鹏,孙弋宁,任丽伟等.探讨价值链理论下持有物业运营管理的核心竞争力[J].商业会计,2022,(22):79-82.

[19]张剑青.以双主线路径推动财务理念从事务型向战略与价值创造型变革[J].财务与会计,2022,(22):73-74.

[20]回购银行H股是合算的资本运作?[J].中国经济周刊,2022,(21):12.

[21]马子茹,李旭辉.非公资本运作问题研究[J].新经济,2022,(10):105-108.

[22]饶雄.浅谈资本运作助力企业集团实现高质量发展[J].商业观察,2022,(27):37-40.

[23]章一炜.财务战略与资本运作分析——以N公司为例[J].投资与创业,2022,33(16):85-87.

[24]毛依娜.资本市场的深化拓展与文化传媒企业的转型发展探究[J].现代商贸工业,2022,43(19):76-77.

[25]彭元华.国有企业上市公司资本运作与融资策略[J].现代企业文化,2022,(22):65-67.

[26]王艳,沈伶钰,周小豪等."创新-资本"互动共演与后发企业追赶——以药明康德为例[J].管理评论,2022,34(06):325-340.